社交媒体
网络口碑效应研究

RESEARCH ON THE EFFECT
OF WORD-OF-MOUTH ON
SOCIAL MEDIA NETWORKS

赵紫薇 / 著

中国国际广播出版社

图书在版编目（CIP）数据

社交媒体网络口碑效应研究 / 赵紫薇著.—北京：中国国际广播出版社，2024.5
　ISBN 978-7-5078-5562-3

Ⅰ.①社… Ⅱ.①赵… Ⅲ.①社会交往－互联网络－研究
Ⅳ.①C912.3

中国国家版本馆CIP数据核字（2024）第097951号

社交媒体网络口碑效应研究

著　　者	赵紫薇
策划编辑	刘　丽
责任编辑	韩　蕊
校　　对	张　娜
版式设计	邢秀娟
封面设计	赵冰波

出版发行	中国国际广播出版社有限公司［010-89508207（传真）］
社　　址	北京市丰台区榴乡路88号石榴中心2号楼1701 邮编：100079
印　　刷	环球东方（北京）印务有限公司
开　　本	710×1000　1/16
字　　数	180千字
印　　张	12.25
版　　次	2024 年 6 月 北京第一版
印　　次	2024 年 6 月　第一次印刷
定　　价	48.00 元

版权所有　　盗版必究

前　言

如今，社交媒体已经广泛融入消费者的日常生活中，为消费者之间建立沟通。同时，社交媒体也为企业提供了全新的方式与消费者建立联系，了解消费者，并与消费者互动交流。商品在社交媒体上的口碑对消费者购买决策的影响逐渐增强，这样的影响力对中国的消费者尤为明显。

分享和推荐功能简化了购物流程，去中心化的传播网络为长尾商品提供了广阔的发展空间。社交网络从搜索式购物到发现式购物，快速促成购买，提高了转化率。

网络购物信息不对称这一区别于线下购物的机制导致了产品与消费者的分离，从而使消费者更多以网络口碑评价和判断产品的价值。网络口碑在社交媒体电商环境下成为决定消费者行为意愿的重要因素之一，也是消费者反馈售后感受及评价品牌的最佳途径。

在界定网络口碑及消费者行为意愿等概念、阐述相关理论依据（在线社交网络、社会网络理论）的基础上，笔者详细地考察了目前国内外网络环境中网络口碑影响力相关研究的进展，主要针对近十年网络口碑对消费者行为意愿产生影响的研究文献进行了梳理，以发现网络口碑研究的趋势。此外，笔者对网络口碑影响力阐述影响的要素进行了梳理，发现已有研究主要基于传统口碑传播理论基础，涉及口碑传播方式、传播参与者特征、口碑内容、消费者心理、口碑传播平台等要素的研究，对口碑传播过程中所形成的网络结构以及针对网络环境下的口碑效应少有研究。

为了弥补网络口碑影响力现有研究的不足，笔者对 Brown 等人提出的在线社交网络框架下的网络口碑传播概念进行验证及拓展，并将传统口碑效应研究中经常被探讨的信源可信度要素纳入在线社交网络口碑影响力的探讨中，探讨信源可信度在网络结构要素对消费者行为意愿的影响中是否存在中介效应。这一研究将验证并拓展在线社交网络结构理论在口碑营销研究中的有效性。

本书针对在线社交网络框架下网络口碑要素对消费者行为意愿的影响进行研究，主要包含以下内容：1）消费者与网站关系强度对消费者行为意愿的影响；2）消费者与网站同质性对消费者行为意愿的影响；3）信源可信度对消费者行为意愿的影响；4）消费者网站关系强度与信源可信度之间的影响；5）消费者网站同质性与信源可信度之间的影响；6）信源可信度在网络结构要素（消费者网站关系强度、消费者网站同质性）对消费者行为意愿的影响中是否起到中介作用；7）产品涉入度是否对信源可信度和消费者行为意愿的关系产生调节作用，如果有调节作用，如何产生。

本书运用 SPSS23.0 和 SPSSAU 在线分析工具对上述研究进行检验，并获得实证分析的结论支持。在线社交网络结构要素作为新环境下网络口碑的主要参与方之一，对消费者行为意愿产生影响，且传统口碑当中的信源可信度在这一新的模型下依然产生不完全中介作用。产品涉入度对信源可信度和消费者行为意愿的关系起到负向调节作用，即根据消费者对产品的了解程度，其在在线社交网络中对信源可信度的依赖度不同，这一结论也佐证了以往学者的研究结论。

本书的创新点在于，在文献回顾的基础上，发展了 Brown、Kim 等人关于在线社交网络框架的理论模型；将信源可信度作为中介对消费者行为意愿的影响进行探讨；丰富和发展了网络口碑研究的理论基础和研究框架。

目 录

第一章 绪论 / 001

第一节 研究背景 / 001

第二节 研究目的与问题 / 008

第三节 研究意义 / 011

第四节 研究方法 / 012

第五节 研究思路和技术路径 / 014

第六节 预期创新 / 016

第二章 文献综述 / 018

第一节 核心概念界定 / 018

第二节 文献述评 / 028

第三章 理论模型及研究假设 / 047

第一节 理论基础 / 047

第二节 理论模型构建 / 054

第三节 提出假设 / 055

第四章 研究设计及数据收集 / 063

第一节 调研对象 / 063

第二节 问卷设计及变量测量 / 065

第三节　前测的实施及结果 / 072
第四节　正式调研数据收集及调研方法 / 093

第五章　数据分析及假设检验 / 099

第一节　描述性统计 / 099
第二节　大样本数据的信度效度分析 / 111
第三节　假设检验 / 118
第四节　结论与讨论分析 / 142

第六章　结论与讨论 / 151

第一节　结论 / 151
第二节　口碑管理对策建议 / 154
第三节　研究意义 / 156
第四节　研究的不足与展望 / 161

参考文献 / 163

调查问卷 / 180

第一章 绪论

本章首先介绍本书的研究背景,然后指明研究目的与问题、研究意义、研究方法,接着对当前该领域的研究思路和技术路径进行梳理,最后提出本书的预期创新。

第一节 研究背景

一、时代发展背景

"互联网+"战略的持续推进,使人们的行为习惯、思维理念、生活方式等发生了巨大的改变,也培育了新的商业模式。信息技术的日臻成熟,为电子商务的迅速发展提供了有利条件,为企业的发展注入了动力。社交电商的出现迎合了网络技术发展趋势以及人们网络购物的习惯。这一商业趋势是当前学界、业界探讨最多的议题。网络支付安全性和便捷性的提升,减少了网上购物的风险。近10年来,越来越多的网民把网购当成一种重要的生活方式。从中国互联网络信息中心(CNNIC)提供的统计报告来看,到2018年底,我国已经有超过6.1亿人有过网购经历,与2017年相比,实现了近 14.4% 的增长，在网民总数中的占比达到了 73.6%。在这部分网购用户之中，72.5% 为手机网购用户，数量达到了近 5.92 亿，同比增长近 17.1%，如图 1-1 所示。

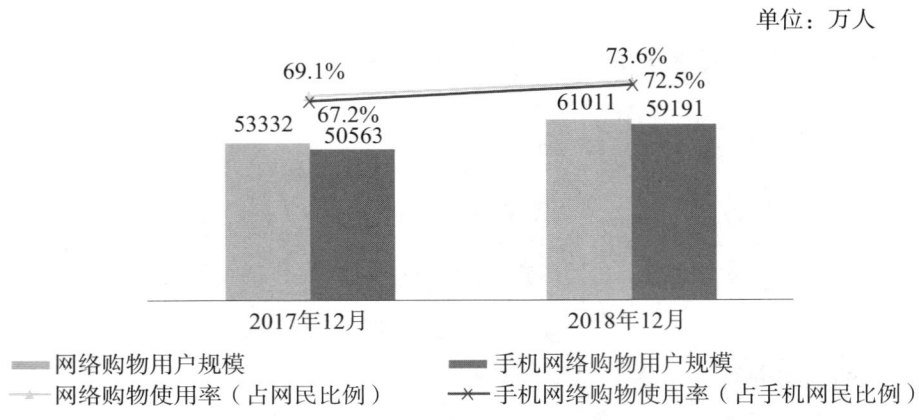

单位：万人

图 1-1　2017—2018 年中国网购用户数量对比统计[①]

2019 年初，艾瑞市场咨询服务有限公司（以下简称艾瑞咨询）对中国社交电商行业发展情况进行了调查，向社会披露了这样一组数据：2015 年，社交电商在网购市场中的占比仅为 0.1%，到 2018 年底提升至 7.8%；2018 年，该行业的规模实现了快速扩张，创造了 255.8% 的同比增长率。社交电商行业拥有广阔的发展空间，这与电商交易和社交流量的高度融合有关。图 1-2 所示是笔者根据近年来艾瑞咨询披露的数据所绘，展示了 2015—2021 年中国社交电商行业交易规模及增速。

社交电商（Social Commerce）的爆发得益于社交媒体和电子商务的迅猛发展。社交电商主要有 3 种存在方式：1）在社交媒体上融合在线购物，主体是社交媒体；2）通过电商平台，社交媒体功能变得越来越丰富，电商成为主体；3）社交商务网站得到了快速发展，电商、社交媒体实现了协同发展。对于"Social Commerce"这个词，人们普遍认为"Social"是指社会

---

① 图片来源：中国互联网络信息中心。

化媒体、社交媒体，其关键属性是"社交"。

图 1-2　2015—2021 年中国社交电商行业交易规模及增速

年份	交易规模（亿元）	增速（%）
2015年	46.9	—
2016年	225.1	379.6%
2017年	1762.0	682.8%
2018年	6268.5	255.8%
2019年	13166.4	110.0%
2020年	20673.6	57.0%
2021年	28646.3	38.6%

社交媒体已经广泛融入消费者的日常生活中，为消费者之间建立沟通。同时，社交媒体也为企业提供了全新的与消费者建立联系的方式，了解消费者，并与消费者互动交流。社交媒体口碑对消费者购买决策的影响逐渐增强，这样的影响力对于中国消费者尤为明显。国内社交媒体用户数量不断增加，新浪微博是我国影响力比较大的社交媒体平台，每月活跃用户数量超过 3.4 亿，腾讯微信每个月至少有 10 亿活跃用户，远超其他国家的数量。越来越多的中国消费者依赖社交媒体去获取信息，例如看电影、就餐等，在做出购买决策前，大多数消费者会在社交媒体上查看其他消费者的意见和建议。

对社交媒体的特征进行分析，最突出的一点就是每个用户都可以制造并传播内容（曹博林，2011）。社交电商平台为用户之间的沟通与交流提供了一个新的平台，消费者通过社交网络实现裂变传播，用户可以根据自己的需要购买商品，也可以把商品推荐给他人。在传播商品信息的过程中，意见领袖、粉丝等人发挥出巨大的作用，有效提高了信息传播的速度，并拓宽了传播路径。推荐、分享等功能的出现，使购物流程得到了优化，再加上传播网络具有去中心化的特征，赋予了商品推广广阔的发展空间。在社交网络的支撑下，购物由过去的搜索式转化为发现式，购物流程得以优化。

社交电商平台同时也为企业提供了新的营销工具，社交媒体的传播特征使得网络口碑可以通过"病毒式"传播充分发挥口碑影响力。全球有超过20亿的社交媒体用户，基于如此庞大的用户群体，再加上口碑影响力的不断提升，企业在与消费者进行互动时，社交媒体发挥出巨大的作用，为口碑传播、客户关系管理起到了积极影响（Cervellon et al., 2017）；同时结合品牌影响力，使消费者能够在网络中向亲朋好友进行推荐、分享。

目前，许多企业开通了社交媒体账号或入驻社交媒体电商平台，向消费者进行营销的同时也希望能通过广告、口碑营销的方式获取新的客户或推广产品。一方面，企业通过社交媒体可以直接传播产品信息，影响其受众；另一方面，通过明星效应、腰部社区舆论领袖口碑传递可以间接影响更多的消费者。企业信息得到了快速扩散，广告效果有了明显提升，产生了良好的口碑效应。

二、网络口碑研究背景

口碑可以分成两种类型：内部口碑、外部口碑。一般情况下只有购买过产品的消费者才能发表关于产品信息或使用经验的评价。以消费者为主导的网络口碑也被称为外部口碑，相较于以零售商主导的内部口碑，外部口碑对于普通消费者来说在可靠性和可信度上更具有优势（赖胜强，2013）。在对网络口碑效应的探讨中，一般探讨外部口碑的影响力。外部口碑的影响力通常也会对企业引导的内部口碑产生影响。

Godes等人（2004）表示，口碑传播形式较为灵活，网络口碑是口碑传播的一种形式，是消费者在网络平台中发布的对产品进行评价的信息，例如自己对产品的购物感受、使用体验等。Katona 等人在 20 世纪 50 年代的研究中发现，大部分美国消费者在购买耐用品、选择新品牌之前会询问亲友的看法，熟人的意见会对他们的购买行为产生重要影响。网络口碑作为传统口碑的延伸，包括论坛、微博、微信、交易网站和评论社区等途径。网络口碑与传统口碑相较，最大的区别在于传统口碑是一种面对面的交流方式，影响范围一般是较小的群体；而网络口碑由于其发送方和接收方在时间和空间上可以是异步的，所以有着更广泛的传播范围和更持久的传播时长。借助网络平台，消费者可以与他人分享经验、交换意见，这种分享具有双向、多向的特征，并能使消费者在他人意见的支撑下做出正确的购买决策（Blazevic et al., 2013; Hoffman et al., 1996）。

在网络这一传播媒介的影响下，传统口碑的形式更加丰富，除了文字，还可以通过图片、视频等形式展示口碑，尤其是近年来越来越多的人习惯了网络购物，不需要进行面对面沟通，网络口碑传播的范围越来越广，速度也越来越快。据调查，在现实生活中，一个人只能把负面口碑传播给 5 个人，在网络中却可以即刻告知至少 6000 个人。在网络口碑的影响研究中还发现，网络口碑能够影响下一个买家的态度以及购买意向，进而影响商品或服务的销售（Chevalier et al., 2006; Dellarocas, 2003）。

随着互联网的发展，社交媒体网站迅速成熟，实现了功能融合，将在线购物体验融入社交媒体，改变了人们传统的线下购物习惯。这一改变也导致了网络口碑的传播、接纳及影响与以往大不相同。

网络购物和线下购物的最大区别在于产品和消费者的分离，这更容易造成交易双方的信息不对称。由于在互联网上无法了解卖家的真实情况，消费者也无法实际接触到产品，使得网络购物中消费者一直处于弱势地位，消费者在网购过程中将会面临更高的风险，不确定性进一步增强。

在最初对网络购物进行研究时，多数学者一致认为网络购物的发展会受到信息不对称的影响。1995年，美国亚马逊针对这一制约性问题建立了自己的在线评论体系，受到了消费者的广泛欢迎，亚马逊对网络口碑行为的重视和应用也被业界和学界认为是其取得商业成功的关键因素之一。网络口碑这种可以有效降低买卖双方信息不对称机制行为的影响力被业界和学界认可，越来越多的企业与消费者意识到网络口碑对自身的重要性。从现阶段情况看，搭建口碑平台已经成为企业、评论类社区、零售网站的重点工作，用户以发表评论、参与探讨的方式，表达对特定产品或者服务的意见。

从消费者的角度来看，社交媒体技术为消费者提供了意见表达、情绪释放的平台，且消费者的意见可以突破时间和空间的限制传达给更多消费者（Shi et al., 2014）。

CNNIC曾对2017年我国网购市场的发展情况进行了调研，并在调研报告中明确表示，如果消费者对网购产品不甚了解，其他消费者的评价就会对他们的购买行为产生重要影响，把其他消费者的评价当成重要依据的用户占比为37.5%。此外，消费者会选择一些影响力较高、口碑良好的网站发布或查看产品评价。消费者在购买一些自己较为熟悉的商品时，其他消费者的评价、网站口碑与影响力这两大因素也显得十分重要，以这两大因素为购买依据的消费者占比分别为25%和22.2%。在旅游类评论社区中，社交媒体被消费者广泛用于寻找与旅行相关的信息，因为与公司提供的宣传材料相比，社交媒体被认为是更可靠的信息来源（Chu et al., 2011）。可见，以用户在线评论为代表的网络口碑在消费者网络购物的决策制定过程中有着重要的影响。

网络口碑具有正、负两面，并不是所有的评论都能够对企业产生正向影响，以往研究也表明，相对于正面口碑，人们往往更倾向于相信负面口碑（毕继东，2009b）。在社交商务环境下，由于消费者之间、消费者与商家之间的信息流通效率高，商务活动的生命周期越来越短，及时分析消费者发布的网络口碑并利用网络口碑进行营销，给企业改进业务活动和改进商业决策带来了巨大的挑战。例如，2014年7月，某国际知名快餐使用过期肉作为食材的丑闻迅速在新浪微博上传播开，成为当时的热门话题，引发将近2000万用户在微博上进行激烈讨论。过期肉事件使得涉事公司的股价大跌，中国门店的销量也大幅下滑（Sina，2014）。

以网络口碑为基础的社会化营销产业在我国正步入成熟期，产业规模持续扩大。企业要充分利用好社交媒体，在网络口碑的辅助下塑造品牌形象，也要注重对网络口碑效果的控制。对社交媒体情境下网络口碑效应的研究能为企业的把控、纠错以及运营带来反思。因此，近年来随着社交电子商务的不断发展，对网络口碑在新情景下的产生机制，以及对消费者影响力的探讨越来越多。作为沟通交流的新媒介的代表，社交媒体与传统沟通交流情境相比，展现出了其独有的特点（方光罗，2007）。现有对社交媒体情景下网络口碑的研究是建立在满足理论的基础之上，当交流方式、沟通媒介有所不同，消费者的口碑参与方式和决策过程也不同（Ziegele et al.，2013；Relling et al.，2016）。正如麦克卢汉所说，"一个新媒体的影响来源于它在人们处理日常事务中介绍了一种新的方式，并且这种新科技的本质重新塑造了人与人之间的联系"。

近年来，关于社交媒体的研究犹如雨后春笋（Balaji et al.，2016；Ngai et al.，2015），大量研究探索了社交媒体口碑的前因变量和促进因素，例如用户关系强度和社交媒体使用强度等（Chu et al.，2011；Balaji et al.，2016）。然而，现有研究大多基于传统口碑研究框架，将网络看作网络口碑传播的平台，并认为口碑影响力来自平台使用者之间的关系，不能很好地揭示社交电商情景下网络口碑对于消费者行为意愿的影响。

营销学领域的有关研究认为，口碑管理需要随着传播科技的改变而调整（Cheung et al.，2012）。社交媒体的传播功能和社交网络属性使得消费者口碑传播的决策过程变得复杂（Shi et al.，2014；Kietzmann et al.，2011）。因而不断有学者指出，传统的线下口碑理论和研究结果已不适合用来描述社交媒体口碑特征和消费者进行社交媒体口碑传播的决策过程（Brown et al.，2007；Kim et al.，2018）。管理者和研究者都期待能有基于理论基础的、聚焦社交媒体特殊情境的、能够揭示消费者社交媒体口碑传播机制的研究（Shi et al.，2014）。

第二节　研究目的与问题

目前国内外有大量关于网络口碑的研究，主要基于现有的传统口碑效应研究的理论和模型，其目的是把握网络口碑会产生怎样的影响，揭示其作用机制。随着社交网络的日渐成熟以及消费者对其依赖程度的日益增加，网络口碑影响力和调节机制也在发生变化，Brown 等人（2007）提出基于新情景的网络口碑研究框架——在线社交网络（Online Social Network，OSN）框架，并构建了网络口碑效应理论模型，验证了在线社交网络框架下社交网络结构的网络口碑效力。Kim 等人（2018）基于 Brown 等人提出的 OSN 框架，再次检验了在线社交网络情景下对网络口碑影响力产生作用的要素，即网站关系强度、网站同质性、信源可信度，这些要素通过对消费者产品态度及对网站的影响对网络口碑效力产生影响。

在当下网络口碑营销的探讨中，基于新情景的探讨少之又少，大多数学者的探讨延续传统口碑研究的理论和框架，但这一研究框架已不适应新的网络口碑的研究。挣脱传统口碑研究的框架，将社交网络的社交网络结构要素纳入社交媒体口碑效应探讨中，是当下网络口碑研究领域的新课题。

第一章　绪论

从社会网络理论出发，在信息传播的过程中，如果参与者之间结成了较强的社会关系，信息接受者就会对信息表示信任。在对网络口碑的探讨中，首先我们要确定两个关键问题，一是在社交媒体网站中，社交临场感的缺乏（Brown et al.，2007）；二是消费者对网络口碑可信度的质疑（Dellarocas，2003）。

尽管社会关系的影响在消费者的行为和决策过程中很重要（Brown et al.，1987；Granovetter，1983），但对网络口碑社会影响的研究很少。前人的研究忽略了在社交网络情境下社会关系的形成方式，以及这种形成方式如何影响消费者的购买决策。社会临场感理论由 Short、Williams 和 Christie 提出，指用户在使用媒介产品中，感知作为一个独立真实的个体与他人联系、互动的程度。Short 认为媒介技术决定了用户社会临场感的强弱，如面对面交谈比打电话的社交临场感强。

实际上，网络口碑明显的特征之一是它们通常是单向的。大多数在线消费者被称为"潜伏者"，他们阅读信息和评论，很少或从未参与（Heinonen，2011；Rau et al.，2008）。出于这些原因，通过社会关系理论的应用来理解网络口碑沟通中的社交互动可能不完全适合社交媒体网站情境中网络口碑研究（Brown et al.，2007）。

与直接来源的传统口碑不同，网络口碑的推荐通常来自基于文本格式的未知个体。由于这种匿名性，消费者难以确定信息的可靠性，并对此持怀疑态度（Chatterjee，2001）。社交购物相关研究发现，57% 的购物者认为网络口碑是可靠的来源，而 35% 的人质疑网络口碑是否存在偏见或是否由真实客户撰写（Brown et al.，2007）。换句话说，网络口碑的价值和高使用度会激励商家做出包括创造对商业竞争有力的虚假评论等行为的非法营销活动。因此，网络口碑的可信度受到显著增加且难以识别的虚假评论的影响，使其可信度大打折扣（Zhang et al.，2016）。

出现以上现象的根本原因可以从传统口碑和网络口碑之间的差异中

得出。虽然口碑通过朋友、家人和其他熟人之间的亲密交流进行传播，但在线评论等网站发布的网络口碑信息通常来自未知的个人。由于在线网络环境中的社交互动有限，消费者对网络口碑建议的可信度持怀疑态度（Brown et al, 2007; Heinonen, 2011）。网络口碑的参与方式和信任度问题导致对其研究不能完全基于以往的传统口碑的研究框架。在这方面，Brown等人（2007）提出的OSN框架为深入研究网络口碑沟通提供了有用的方法。

本书在国内外相关研究文献综述的基础上，以OSN框架为基础（OSN框架假设个人认为网站是网络口碑的主要参与者，并与网站本身而不是其他在线参与者建立社交关系），探讨消费者与口碑平台的关系对消费者行为意愿是否产生影响，以及如何产生影响；验证社交网络结构下消费者与网站关系强度、网站同质性、信源可信度以及消费者行为意愿之间的关系。

产品涉入度在消费者行为探讨中一直是备受关注的对消费者产生影响的调节变量，消费者接收到的信息及对信息采取的态度，与自身对产品的涉入度有关，从而对消费意愿产生影响。信息来源可信与否也与消费者产品涉入度具有相关性，即使信息来源可信，由于产品涉入度不同也会对信息产生不同的影响。所以本书对产品涉入度在信源可信度和消费者行为意愿之间的边界效应进行探讨，探讨在产品涉入度不同的情况下，是否会对信源可信度和消费者行为意愿的关系产生调节作用。

基于研究目的，本书的研究问题如下。

1）基于OSN框架，结合前人在在线社交网络框架下网络口碑效应研究的综合模型，验证消费者与网站关系强度、网站同质性对消费者行为意愿的影响。

2）验证网络口碑信源可信度对消费者行为意愿的影响。

3）验证消费者与网站的同质性、关系强度是否会影响信源可信度。

4）验证信源可信度是否在消费者网站关系强度及网站同质性和消费者行为意愿的关系中起到中介作用。

5）探讨产品涉入度对信源可信度与消费者行为意愿之间是否具有调节作用。

第三节　研究意义

本书结合 Brown 等人（2007）和 Kim 等人（2018）基于 OSN 框架对网络口碑影响力的研究，进一步探明网络口碑是否会对消费者行为意愿产生影响并分析影响机制。

一、理论意义

由于互联网的发展速度极快，新媒体网络情境下网络口碑的具体变量研究依然基于传统口碑研究框架，这一框架下的研究成果不足以诠释社交网络情境下网络口碑的影响力。本书基于 OSN 框架对网络口碑影响力进行研究，将社交平台作为社交角色，研究其与消费者之间的关系对消费者行为意愿的影响。丰富在线社交网络框架下网络口碑影响力的研究成果，也将是对以往研究框架的有益补充。

本书基于社会网络理论和信源可信度理论检验消费者与网站关系是否对信源可信度产生影响，拓展了网络口碑传播中对信源可信度产生影响的要素和效力探讨。

本书尝试检验网站关系强度、网站同质性是否通过信源可信度对消费者行为意愿产生影响。消费者行为意愿一直是学界研究的重点，信源可信度被认为是影响消费者行为意愿的必要中介变量，在在线社交网络框架下对这一中介变量的检验中，前因变量产生变化时信源可信度是否依然产生中介效果的探讨是本书的尝试。

二、实践意义

新的社交环境和商务环境导致传统的关于网络口碑探讨的时效性及验证性减弱。互联网高速发展，社交电商势头迅猛，在这一商务环境下，商务活动的生命周期越来越短，及时分析消费者发布的网络口碑并利用网络口碑进行营销，给企业改进业务活动和商业决策带来了巨大的挑战。针对环境的改变对口碑进行探讨是时代发展的要求，在线评论类网站及社交电商的出现为这一探讨提供了土壤。

小红书等社交电商中的口碑分享与传统的在线评论存在差异，虽然社交媒体可以使用户的人际关系价值最大化，但是社交媒体情境下的网络口碑所具有的不可控性也是企业在口碑营销中面临的一大挑战。对社交媒体中消费者的网络口碑及网络口碑影响力的研究将对企业的口碑营销管理提供重要的借鉴和指导。同时，对消费者网络口碑营销的探讨也可以在一定程度上指导消费者的网络口碑行为和购买行为。

第四节 研究方法

本书探讨消费者与网站关系强度、网站同质性是否会对消费者行为意愿产生影响，合理可靠的结论需要多门学科理论的支撑，例如传播学、营销学、管理学等，需要运用理论与实证相结合的研究方法。在理论研究方面，本书主要对消费者行为意愿、网络口碑等理论进行分析，目的是为实证分析奠定理论基础；在实证分析方面，本书先通过调研获取相关数据，再对数据进行分析与验证。

一、理论研究

本书的理论研究主要是文献研究，围绕网络口碑影响力、网络口碑对消费者意愿的影响等搜集了大量与之相关的国内外文献资料并进行细致阅读。经文献梳理了解到，前人在对网络口碑进行研究时，不仅进行了概念界定，还选择了合理的研究变量，这些都会对本书研究内容的有序开展起到借鉴作用。

此外，笔者阅读了心理学、管理学、传播学等方面的理论著作，一是能使自己的研究视野变得更丰富，二是能为后续研究提供理论参考。

在此基础上，笔者创建了研究概念模型。对于模型中的变量设计，主要参考了相关研究成果，对个别研究情景进行修正，以确保量表的代表性。

二、实证研究

在研究过程中，笔者以多样化的形式搜集数据信息，其中最主要的一种是问卷调研。利用统计分析工具整理这些数据信息，验明前期提出的假设是否合理。在回顾文献资料的基础上编制问卷，进行问卷的前测。根据前测结果的分析，修正问卷，形成正式问卷。通过线上发布问卷，获得翔实的数据资料。

在对这些数据进行分析时，笔者运用了合理的统计软件，从而验证之前提出的假设。在实证分析的过程中，笔者以 SPSS23.0、SPSSAU 为主，进行了因子分析、回归分析、描述性统计分析等验证。

第五节 研究思路和技术路径

一、研究思路

在互联网广泛应用的环境下，对网络口碑及网络口碑效果的探讨是业界和学界关注的焦点，在研究过程中要得到多学科理论的支撑，尤其是营销学、传播学等。本书的研究思路为：首先搜集并阅读文献资料，借鉴其他学者的研究成果，明确研究主题、选择研究方法；然后结合网络口碑传播相关理论提出研究的模型和命题；接着以填写问卷的方式搜集数据信息；最后为了检验前期提出的假设是否合理，对数据进行统计与分析，进而得到合理的结论。

第一章从理论、实践两方面入手，介绍本书的研究背景，提出研究问题，并探讨本书研究内容的理论和实践意义。

第二章对相关概念进行界定，包括口碑、网络口碑、消费者行为意愿、同质性、信源可信度等。在梳理文献资料的基础上，对前人取得的研究成果进行文献述评。同时，对本书研究内容的理论基础进行整理与回顾。

第三章在梳理理论的前提下，针对本书研究的内容与目的明确理论逻辑，依据逻辑推理构建理论模型。对模型中的变量进行定义，并提出研究假设。

第四章采用线上与线下相结合的方式获取更为翔实的数据信息，收集受访者的具体情况，并请他们填写纸质问卷或电子问卷，对问卷进行及时汇总。

第五章通过 SPSS23.0 统计分析软件和 SPSSAU 在线分析工具对数据进

行分析，验证各变量的影响关系，以及在行为意愿上的影响差别。

第六章回顾研究的历程，结合假设检验情况得到合理的结论，点明本书的研究意义。同时，也指明本书存在的不足，对下一步研究提出具体要求。

二、技术路径图

本书主要按照图 1-3 所示的技术路径展开。

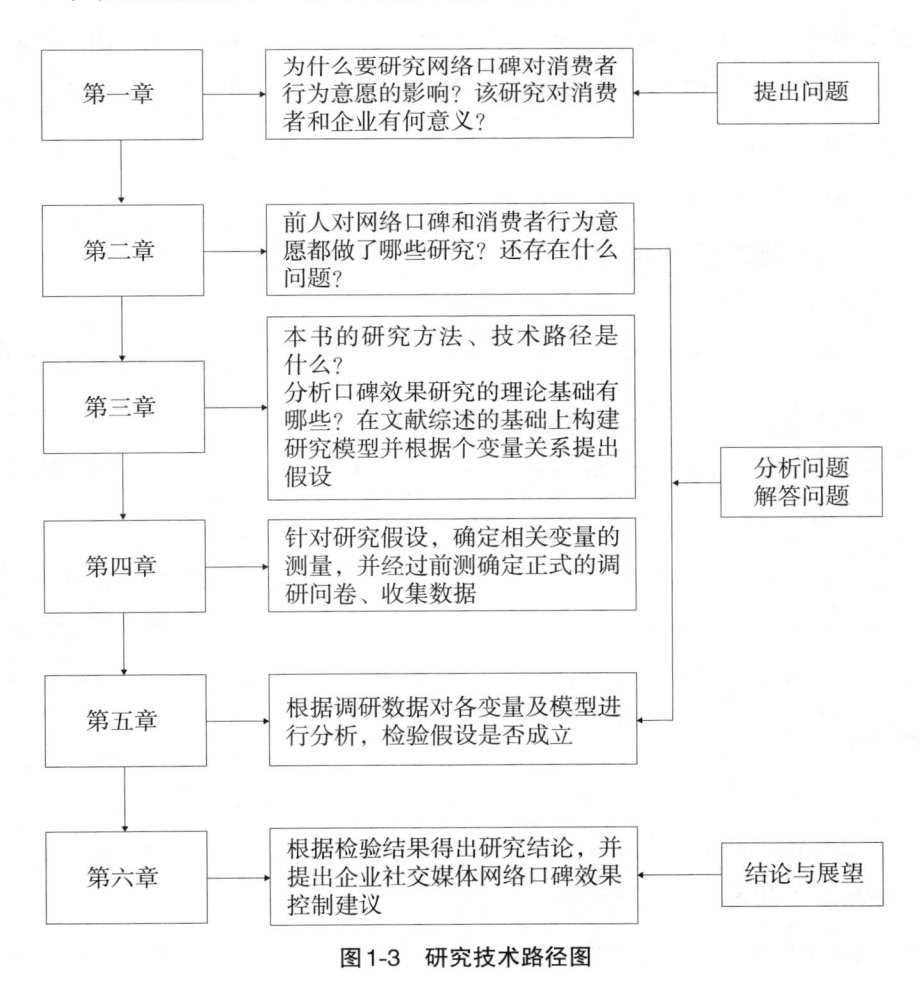

章节	内容	阶段
第一章	为什么要研究网络口碑对消费者行为意愿的影响？该研究对消费者和企业有何意义？	提出问题
第二章	前人对网络口碑和消费者行为意愿都做了哪些研究？还存在什么问题？	
第三章	本书的研究方法、技术路径是什么？分析口碑效果研究的理论基础有哪些？在文献综述的基础上构建研究模型并根据个变量关系提出假设	分析问题 解答问题
第四章	针对研究假设，确定相关变量的测量，并经过前测确定正式的调研问卷、收集数据	
第五章	根据调研数据对各变量及模型进行分析，检验假设是否成立	
第六章	根据检验结果得出研究结论，并提出企业社交媒体网络口碑效果控制建议	结论与展望

图1-3 研究技术路径图

第六节 预期创新

一、对在线社交网络理论的验证和拓展

本书将网络口碑的概念从对传统口碑的延伸中剥离，从本质上区分网络口碑与传统口碑的社会关系差异，并基于这一社会关系差异对网络口碑效果进行研究；验证并拓展 Brown、Kim 等人提出的 OSN 框架下网络口碑效应综合模型；完善并补充网络口碑在新的社交媒体环境下的效应研究。

二、OSN 框架下对信源可信度中介作用的探讨

本书提出了信源可信度在消费者社交网络关系中对消费者行为意愿产生影响时起到中介作用。在以往的研究中，信源可信度作为口碑效应中传播者层面的影响因素被广泛探讨。在传统口碑效果的探讨中，信源可信度是被广泛认可的对消费者行为意愿的形成具有中介作用的变量。

在 OSN 框架下对信源可信度的探讨是一种尝试。根据 Brown 等人的研究，在在线社交网络当中，口碑行为主体发生了本质上的变化。这一变化使传播者特征对信源可信度产生了影响，此前对消费者行为意愿产生影响的结论便不再适用了。

基于新的情景，进行影响消费者行为意愿因素及过程机制的探讨是必要的也是创新性的。探讨信源可信度对消费者网站关系强度、消费者网站同质性等在线社交网络结构因素在对消费者行为意愿产生影响时，起到了什么样的中介作用，这是该领域研究中的一个大胆突破，也是一次对新的

口碑传播理论框架下的中介效应的验证。对信源可信度中介作用的验证进一步辅助验证了在线社交网络理论在网络口碑效应探讨中的有效性。

三、产品涉入度调节下的中介效果探讨

以往的研究通常止步于对调节效应的探讨，在有调节的中介模型当中，调节效应对中介作用产生的影响是值得肯定的。本书把产品涉入度当作调节变量，探讨其在信源可信度和消费者行为意愿的关系中是否具有调节作用，并进一步验证有调节的中介模型，探讨产品涉入度调节下信源可信度的中介作用是否受到影响，从而完善理论模型的探讨。

第二章　文献综述

第一节　核心概念界定

一、网络口碑

传统口碑沟通只局限于消费者与消费者之间，企业很难对其产生真实的了解，也无法对其进行监测，并没有对营销实践产生积极影响。得益于网络信息技术的发展，人们获得了能充分交流的平台，可以在这个平台上与他人分享自己的购物体验，介绍自己的消费经验，也能获取需要的信息。在网络平台中，消费者可以发布自己撰写的文章，这种做法与现实生活中人与人之间的口碑沟通完全一致，只是信息传播的形式发生了改变。这足以体现出，在网络信息技术的辅助下，口碑日益向着网络化的方向发展，消费者在做出消费决策之前会通过网络沟通来收集产品信息（Dellarocas，2003），网络口碑也成为学界研究的重点。Stauss 重点分析了消费者在线交流的频繁会为企业带来哪些商机、面临什么样的威胁，成为网络口碑研究的先驱者。

Newman 等人（2011）认为，网络口碑就是两个或多个消费者在网络平台中进行文本交换。Henning-Thurau 认为，有了互联网之后，消费者能

第二章 文献综述

从网络中搜集自己需要的商品信息，并自由地向他人介绍自己的购物经验，这就是网络口碑。这些学者认为，网络口碑就是指一些已经有过某种购物体验或尚未正式购买某种物品的消费者对产品与企业做出的评论。在网络平台的辅助下，这一评论被传递给更多网络用户。Litvin 等人（2008）表示，网络口碑实际上就是在信息交流的过程，交流双方运用网络技术对产品或服务情况进行沟通，但这种交流只局限于消费者之间。毕继东（2009a）表示，网络口碑就是网络用户运用网络信息技术，在网络平台中发布与产品或服务有关的信息，其表现为文字、图片、符号、视频等或者它们的组合。

虽然与网络口碑有关的研究已经持续了相当长的时间，但学者们对有关概念的界定持有不同的意见，从中可以看出，网络口碑具有三大特征：一是仅限于消费者之间的交流；二是互联网成为重要的交流渠道；三是交流内容与产品或服务有关。网络口碑在传播过程中，形式比较灵活，微博、电子邮件、论坛、电子布告栏、社交网络、聊天室等都可以传播网络口碑，并能实现信息的快速传播。

由于网络口碑具有区别于传统口碑的特征，其口碑行为方式、作用机制以及影响力都与传统口碑有着巨大差别，明确网络口碑自身的特点，对网络口碑进行明确的概念界定以及影响因素分析具有重要意义。

传统口碑、网络口碑的内容几乎一致，都是消费者对产品或服务发表的观点，但由于网络媒介具有较强的特殊性，网络口碑的传播渠道更为丰富、传播速度更快、传播面更广。两种口碑传播方式的表现形式存在明显差异。网络口碑具有一对多的特征，也不需要面对面进行交流，能产生无限的影响力（Phelps et al., 2004）。对比传统口碑，网络口碑的特点如下。

（1）不受时空的限制

网络用户可以根据自己的情况，在不同的时间、不同的地点发布自己对某种产品或服务的体验、评价信息等，也可以随时随地获取与传播信息（Dellarocas，2003）。

（2）交互性

信息技术、通信技术的飞速发展，使得口碑交流的参与者数量不断增加，互动与交流变得更加便捷（Hoffman et al.，1996）。

（3）匿名性

在参与网络口碑传播的过程中，绝大多数用户与陌生人进行交流，口碑信息接受者基本以虚拟身份参与互动（Gelb et al，2002）。正因为这种匿名性特征的存在，网络口碑参与者不会受到过于沉重的舆论压力，能自由地发表自己的看法，既可以对产品表示认同、称赞，也可以发泄自己的不满情绪，表达真实感受。

（4）易测量性

传统口碑在传播的过程中，信息具有易逝性的特征，企业难以对其进行监测与跟踪。在网络环境中，口碑传播成为一种有形过程，研究者与企业可以准确地对其进行收集与分析。网络口碑的表现形式较为灵活，多媒体、视频、音频等都可以。这种有形化特征能将口碑保存下来，其他消费者可以对口碑内容进行分析、领会，口碑影响力得以增强。Bickart等人（2001）表示，文字内容的口碑与传统口碑相比，具有较强的逻辑性。

（5）反馈性

网络环境使研究者和企业可以借助搜索功能获得口碑信息，研究者会对网络口碑的反馈性进行研究，企业也会把这当成判断消费者是否满意、衡量产品质量的重要依据。

（6）非面对面沟通

从媒体特征方面来看，传统口碑沟通属于一种人际交流（Hoffman et al.，1996），网络口碑则是发生在网络平台中，以电脑为媒介进行的沟通。网络口碑的传播可以通过多种方式实现，例如微信、微博、QQ、社交网络、论坛等，这些沟通方式具有异步、同步两种特征，口碑传播与接受者不需要面对面沟通，便能了解更多的情况。

（7）传播速度快

网络口碑能在短时间内得到快速传播，再加上信息易于复制，为二次传播做好了准备（Sun et al., 2006）。传统口碑具有非公开的特征，而网络口碑则具有公开的特征，无论是传播广度还是传播速度，后者都明显占据极大的优势（金立印，2007）。

本书结合前人研究以及对网络口碑特性的梳理将网络口碑界定为消费者之间借助互联网对于某个产品、服务、公司所做出的正面或者负面的评价，这些评价可以影响消费者的产品态度从而对其行为意愿产生影响。

二、关系强度

早在四五十年前，Granovetter 在对人们的求职行为进行研究时，便把人际交往理论当成了重要的依托，对该理论在实践中的应用展开了细致分析，并提出了两个相对立的概念，即强关系、弱关系。他认为，人际交往过程中关系的强弱主要受 4 个因素的影响，即交往时间、互动频率、服务内容互惠性、倾诉内容。在人际交往之中，如果交往双方认识的时间比较长、经常进行互动、彼此形成了较为密切的关系、互惠交换比较多，就会形成强关系，否则就形成了弱关系。

Granovetter 把这对概念当作重要的分析工具，对人们的求职行为展开了细致分析，发现弱关系会对求职产生更为积极的影响。在对这种现象进行分析后发现，强关系是一种内部纽带，通过强关系虽然能获得大量信息，但信息重复性比较强，并且有意义的信息很少。弱关系则是建立在两个不同群体之中的，能获得大量新信息。因此，社会学领域在对人们社会行动进行分析时，会把这对概念当成重要的研究工具。

关系强度被应用在诸多领域的关系网络研究中，许多研究已经将关系强度确定为个人和组织/网站研究的分析框架（Sohrabi et al.，2016）。

Bristor（1990）表示，口碑网络实际上就是社会网络，在这个社会网络之中，人与人之间形成了一定的关系，都从事着口碑沟通活动。他们彼此的关系就是关系强度，这是维系社会网络的主要力量。口碑会对消费者产生什么样的影响，完全取决于关联强度。因此，在众多会对口碑传播质量产生影响的因素中，关系强度是最重要的一个。

Kim 等人（2018）对在线社交网络框架下口碑效果研究模型中的第一个社交网络构造相关的结构要素是关系强度。在 Kim 等人的研究中，关系强度就是网络成员互相联系过程中产生的效力（Mittal et al.，2008：196）。

本书结合前人研究，将关系强度界定为社会网络成员之间的关联强度，包含互动频率、亲密（使用）程度等特征。本书对关系强度的测量量表来自 Kim 等人（2018）对 OSN 框架下消费者网络口碑效应研究中采用的量表，该量表包括消费者与网站关系相关的 3 个问项。

三、同质性

同质性理论是由 Lazarsfield、Merton 二人最先提出的，他们在人际传播领域的研究取得了令人瞩目的成就。他们一致认为人际传播基本是发生在具有相似性的传播者与受传者之间。

Rogers（1983）提出了创新扩散理论，对传播网络的同质性与异质性进行了分析。在他看来，同质性是人际网络扩散的主要特征。在研究过程中，他将同质性描述为彼此交互的个体在某一方面具有较强的相似性，例如文化层次、年龄段、种族等。和谐传受关系是建立在同质性基础上的，如果两个个体具有较强的异质性，他们不仅不愿意接收对方发出的信息，还会产生心理不适感。这种不适感一般不会出现在同质个体的传播中，同质个体之间也难以引起冲突。这里所说的同质性指在网络传播过程中，参与者并不存在明显的社会距离，再次验明了心理距离会受到社会距离的影响。

Granovetter（1983）把社会关系分为同质性、异质性两种，同质性关系指频繁进行互动、建立起密切关系、产生了较深感情的关系，而异质性关系则恰恰相反。Nelson（1989）对同质性关系的重要性表示认同。后来，许多学者也对这种说法予以支持。Munshi 认为同质群体之间的社会网络学习将会产生较强的效应，更容易获取与传播信息。这是因为在异质群体之中，个体之间存在着明显差异，即使某个成员积累了丰富的经验，其他个体也不愿意进行借鉴、参考，学习结果也不确定。

社会生活中有大量证据能够表明同质性的普遍存在（McPherson et al., 2001）。例如，一些产生了相同宗教信仰的人，更容易成为朋友；同一年龄段的人的交友方式较为相似；同辈群体之间尤其是同性之间的来往会更为频繁；处于同一地域之内、有着同样职业的人更容易结成朋友。

这种同质性同样适用于对消费者行为的研究。消费者不仅可以从权威专家那里获取产品信息，也可以从与自己有着同样兴趣爱好、年龄相仿、职业相同的人那里获得产品信息。Gilly 等人在研究中了解到，同质性能产生较强的影响力。

本书结合前人研究，将同质性界定为在社交网络中成员间在某些属性方面相似的程度。本书对同质性的测量量表来自 Kim 等人（2018）对 OSN 框架下消费者网络口碑效应研究开发的量表，该量表是 Kim 等人基于对 Brown 等人（2007）在在线同质性的概念化及其子维度和图像一致性文献中研究设计的问项开发的，针对同质性"软"标准（例如兴趣爱好的相似性）的量表。Kim 等人认为以往的研究倾向于衡量口碑参与者"硬"标准（如年龄和性别）的相似性，这一标准是基于传统口碑效果设置的，没有结合"软"标准的量表。该量表发展了关于消费者与网站同质性的 3 个问项。

四、信源可信度

Ohanian（1990）认为信源可信度就是信息接受者信任信息来源者具有正面特质的程度。

Gunther 对信源可信度进行了概念界定，即信息接受者对发布信息者产生了某种程度的信赖。信源可信度较强，人们对信息的相信程度就比较深。信源可信度越高，消费者对信息产生的信任感就越强。因此，接受者在对评论信息做出评判时，信源可信度成为一种重要依据（林家五 等，2008）。

众多学者对于信源可信度的衡量提出了许多构面，涉及多方面的内容，其中包括客观性、专业性、能力、可信任性、社交性、亲和力等（Ohanian，1990）。大量研究表明，信源可信度是决定网络口碑有效性的关键因素（Park et al.，2009；Wu et al.，2011）。

尽管关于维度的精确尺寸仍存在争议，但信源可信度通常被认为包括两个重要方面：感知可信度（网站信誉）和信息发送者的专业性。可信任性的意义在沟通过程中是指信息接受者对于信息产生的信任程度（Ohanian，1990；Willemen et al.，2012），并且通常与消费者对网站的看法相关（Park et al.，2009）。信源专业性与权威性、能力、专家型、资格具有较强的相似性，消费者会对一些影响力较强的品牌或是一些权威人士发布的信息表示信任（Ohanian，1990）。

本书结合前人研究，将信源可信度界定为信息接受者对信息来源的信任程度，包括专业性和感知可信性。本书对信源可信度的测量量表参考 Kim 等人（2018）关于网络口碑效应研究中对涉入度的测量，以及 Ohanian（1990）提出的用于研究信源可信度的两个维度的 7 点语义差异量表。

五、消费者行为意愿

Ajzen（1991）在研究中了解到，与感觉、态度、信念相比，行为意愿与行为最为接近，通过对一个人的行为意愿进行分析，能了解他是否会做出某种行为。在消费者当前行为与未来行为之间，行为意愿能起到陈述作用（Peter et al.，1996）。

行为意愿是消费者产品消费后，对于产品或企业采取某种行为的倾向（Engel et al.，1969）。也可以说，行为意愿是指从事某种行为的可能性与概率。行为意愿属于态度理论中的一个概念，态度主要由三大要素构成，即认知、情感、意动。认知是指个人对自身态度的标识参数，与个人的知识与信念有关；情感是个人对态度标的物产生了什么样的感觉；意动是指个人对态度标的物采取的行动或产生的意愿。Engel等人（1969）在研究过程中，重点对这几个要素与行为之间的关系进行了分析，认为个体会对某一标的物做出什么样的评价，完全取决于自身对标的物的感觉与信念，如果产生了良好的态度，就会产生良好的行为意愿。Lin和Lu（2000）认为，行为意愿就是使用者会再次使用的意愿。Bhattacherjee（2001）表示，如果消费者意识到自己做出某种行为能获得益处，这种行为就会持续发生，不会受到其他事件的影响。

Ajzen等人（1977）认为，行为意愿就是消费者对产品或服务产生的积极倾向，是个人在从事某种行为时自发倾向的程度，在不受其他环境因素干扰的前提下，如果个人行为意愿比较强，就会积极从事这种行为。Kotler等人（2003）表示，人们的态度与信念是通过行动与学习得来的，进而影响其实际行为。毕继东通过研究得到了与Kotler等人较为相似的结论，认为消费者接收到产品或服务的某种信息之后，有可能做出购买这种产品或服务的决定。

消费者行为意愿是最接近消费者决策行为的因素，在关于口碑效果的研究中被作为测量口碑效果的变量使用。

本书结合其他学者的研究成果，认为消费者意愿就是消费者在获取某一企业的产品信息之后，针对产品、消费、企业、口碑传播等行为的意向。本书对消费者行为意愿的测量量表来自毕继东（2009b）对消费者行为意愿进行的相关研究，他在研究中重点关注了再传播意愿、购买意愿两个方面。

六、产品涉入

我国学者对"Involvement"进行翻译时，产生了多种不同的说法，例如涉入、深入、卷入等。这些说法有待统一，但研究的内容保持一致，本书采用"涉入"这种说法。

最早提出"涉入"这种说法的学者是 Sherif 和 Cantril（1947），他们在对社会判断理论进行分析时提出了这样的看法：一个人对某事件的介入越深，越不能接受相反的意见；反之，对于一些与自己意见相同的意见，如果自我涉入比较深，不仅能主动接受这种意见，还会将这种意见传播给他人。

Krugman（1965）把"涉入"这一概念用于广告学研究之中，发现消费者的涉入程度不同，其购买行为也有所不同。此后，不断有学者将涉入的概念用在广告效果的研究上（Petty et al., 1981）。学者们对涉入度的大量研究，证明了其是影响消费者购买行为的关键因素（Laaksonen, 1994；Teng et al., 2016），但是迄今为止学术界还没有形成统一的概念。Cohen（1983）经过研究认为，涉入度反映了买方是否重视某种产品。Zaichkowsky（1985）认为，产品涉入度就是指消费者自身需求、兴趣、价值取向等与产品之间形成了什么程度的关联。涉入度的形成与发展能体现消费者在心理层面对产品信息给出了什么样的处理，它能产生消费者对刺激物的偏好、兴趣、关注以及参与程度，进而影响消费者的决策过程（宋明元 等，2014）。在涉入度影响的相关研究中，主要包括前因、后果两方面的内容。对前因进行分析，主要取决于情境、消费者自身、产品三大因素（Hawkins et al.，2010）；对后果进行分析，获取的信息、制订的评估方案、品牌感知差异、个人喜好等都会对后果产生一定程度的影响（Zaichkowsky，1985）。

在众多对于涉入度的定义中，Zaichkowsky（1985）的定义赢得了多数学者的认同。在他看来，涉入度就是个体在个人利益、价值取向、需求等基础之上所感受到的自身与产品之间的关联程度。Poiesz 等人（1995）认为，涉入度就是个体与其他事物、情境之间的联系。Andrewsetal 把涉入度看作一种内心扰动状态，具有持久性、方向性等特征，会对个人以何种方式应对外界刺激产生影响。强度实际上指个体的涉入度、动机水平；持久性指涉入能产生较长时间的影响；方向性指事物或问题是由个体造成的。

前人在对涉入对象进行研究时，将其划分为两种类型，即广告涉入、产品涉入。产品涉入是指消费者对产品表示重视，或是赋予产品一定的主观意愿，在进行定义时过于强调主观感知的重要性，忽略了产品的特征。有一点是值得肯定的，消费者的行为会受到涉入度的影响，只是这种影响的程度并不确定。

参照其他学者的研究成果，本书对产品涉入度给出了如是定义：消费者个人喜好、需求、价值取向等与产品的关联程度，即消费者对这种产品产生的了解与重视程度。本书对产品涉入度的测量参考王淑曼（2019）对涉入度调节作用的文献。在王淑曼撰写的论文中，运用 Zaichkowsky 编制的个人涉入度量表对消费者产品涉入度进行测量。

第二节 文献述评

一、口碑与网络口碑

口碑就是信息接收与传播双方围绕某种产品、服务所进行的交流与沟通，在互动过程中信息接受者具有非商业性特征（Arndt，1967）。这个定义对口碑研究的边界进行了界定，认为口碑具有非商业性、口头性的特征。多年来，许多学者对口碑与消费者购买决策之间的关系进行了分析与研究。大量研究表明，其他人的口碑建议在产品评估和后续购买决策过程中起到了巨大作用（Litvin et al.，2008；Park et al.，2009）。与其他营销传播工具相比，口碑推荐能产生更为明显的效果，例如大众媒体广告等，因为来自熟悉的口碑来源的用户生成的评论通常被认为更可信并且没有强烈的商业意图（Gruen et al.，2006）。

随着网络的发展，电子商务已经成为企业的战略重点，人们对口碑的兴趣已被重新定义为网络口碑。传统的面对面口碑正在转变为网络口碑，在做出购买决策之前，消费者可以通过网络口碑获得有关产品或服务的信息（Hussain et al.，2017）。Bickart 和 Schindler（2001）通过实证研究方法证实了网络口碑强大的影响力。在实验过程中，他们让学生参与在线讨论，并直接从企业网站中获取产品信息。3个月之后了解到，在激发消费者对产品的兴趣方面，论坛能产生积极的影响，消费者的购买意愿也更强，原因在于论坛里的内容被认为更相关也更可信。

虽然网络口碑是对口碑概念的扩展，但两者在几个方面也有所不同。传统的口碑在朋友和家庭的有限社会边界内传播。因此，它的影响随着时间和距离的增加而迅速减弱（Duan et al.，2008）。然而，在在线环境中，网络口碑使信息能够覆盖更广泛的受众（Xie et al.，2011）。而且网络口碑传播的方式更丰富，其中包括微博、论坛、电子邮件、在线社区、新闻组、聊天室、评论网站及社交网站等（Cheung et al.，2012）。口碑和网络口碑之间的另一个重要区别是，与口碑相比，网络口碑传达的信息通常是无常的（Heinonen，2011；Hoffman et al.，1996）。

由于口碑和网络口碑之间的这些重要差异，业界必须从不同角度对在线交流在社会网络层面进行理解。有许多研究人员从不同方面研究和讨论了网络口碑，大多数研究关注网络口碑的影响，如网络口碑如何影响消费者对商品的态度和购买决策。

二、网络口碑影响力研究

口碑效果是指消费者行为受到口碑影响的程度，指的是口碑改变消费者态度与行为的能力。无论消费者是购买某种产品，还是对产品进行评价，都会受到网络口碑的影响。而这种影响又受到许多因素的影响，并通过不同的途径产生作用。

研究网络口碑效果的文献可分为两类：一类建立在消费者观点之上，对网络口碑以怎样的形式来影响消费者的态度与行为进行分析；另一类建立在企业观点之上，关注的是网络口碑如何影响企业的声誉、收入和客户资产。

消费者在做出购买决策时，网络口碑是最主要的信息来源。网络口碑的类型比较多，例如产品评论、反馈、在线讨论等。网络能缓解消费者与企业之间存在的信息不对称问题，增强消费者的风险感知能力。当前，相当一部分消费者会借助网络搜索产品或服务信息（Kozinets，1999）。

有研究认为，网络口碑（例如在线客户论坛中包含的内容）可能具有更重要的意义，并且网络口碑与营销人员生成的网页内容相比，可能会产生更多的同理心（Bickart et al., 2001）。

纵观过去几年对网络口碑影响力进行研究的相关文献，可以看到网络口碑效果研究的内容、方法以及研究重点的变化。

早期的网络口碑研究主要关注网络口碑的特征，如类型、数量和效价的影响（Xia et al., 2008）。在这一时期，Lee 等人（2009）和 Brown 等人（2007）对平台在口碑影响力中的作用进行了探讨。2010 年，学界对网络口碑影响因素或特征及网络口碑影响进行了大量研究（Hao et al., 2010；Chang et al., 2010）。此后的几年里，研究人员将焦点转移到了网络口碑的沟通者身上。根据传播者的感知、经验和来源，相同的内容可以在不同的传播者中产生不同的效果。这导致研究人员对信息采用的过程产生兴趣，希望了解信息对人们思想影响的程度（张玥 等，2011；Filieri et al., 2015；Li et al., 2017）。近年来，网络口碑研究的影响在行业、平台、企业或产品/服务中变得更加多样化，这影响了网络口碑对客户绩效或行为的影响（Kim et al., 2015；Kim et al., 2018）。

过去几年的研究趋势显示，研究人员逐渐从对网络口碑本身及传授双方的影响因素研究向对网络平台、网络环境的研究进行转变。在对网络平台的研究中，将网络平台作为传播环境研究平台在口碑效果中的作用是一种趋势，将网络平台作为口碑参与方对口碑效果直接产生影响是另一种趋势。无论哪种趋势的研究发展，都契合当下社交媒体商务行业的发展趋势。

三、消费者行为意愿研究

Fishbein 等人在消费行为学领域的研究颇有造诣，于 1992 年提出了这样的观点：在对消费者下一阶段是否会采取某种行为进行预测时，最有效的方法就是分析他们是否产生了某种行为的意愿。Fishbein等人经研究了解到，大多数社会行为都可以通过行为意愿来预测，但前提是要正确测量。

经梳理文献资料了解到，前人在对行为意愿进行概念界定时，强调了消费者身上发生某种行为的可能性，即概率的高低，认为在外界刺激之下消费者的态度、心理等会发生改变，进而影响到其行为意愿。

在网络口碑营销领域，以往学者对消费者行为意愿的研究主要基于以下两个理论框架。

一个是基于传播过程理论框架，这方面的研究是对线下网络口碑研究框架的线上应用，大多学者对网络口碑对消费者行为意愿影响的研究都在这一框架之下，认为网络口碑是对线下口碑的延伸，从影响传播效果的传播过程因素进行研究。在口碑传播过程中，传播者与接受者的特征、传播的信息内容等都会对传播效果产生重要影响。

另一个是基于在线社交网络框架，这方面的研究是针对网络环境中的网络口碑影响力研究的新视角，将平台看作参与口碑行为的"行为人"，在口碑传播过程中产生作用。

Smith（2002）在自己的课题研究中，分析了在虚拟社区之中消费者决策是否会受到普通消费者推荐信息的影响及其影响机制。他在消费者决策与信息来源特性之间，把信任当成一种重要的中介变量；在信任关系与信息来源特性之间，把购买目标当成一种调节变量，创建了如图2-1所示的研究模型。运用该模型进行分析之后，发现在购买目标的调节之下，消费者信任与来源特性之间形成了更加紧密的联系。在娱乐购物方面，关系强度对消费者产生的影响要超过专业性；在购买实用性较强的商品时，消费者的购买决策会受到来源特性的影响。信任会受到所有变量的影响，在各种变量与结果之间，信任都扮演着中介角色。个人信任会受到信任倾向的影响，感知任务难度、先前知识等一些个体变量，会对消费者的决策过程产生影响。

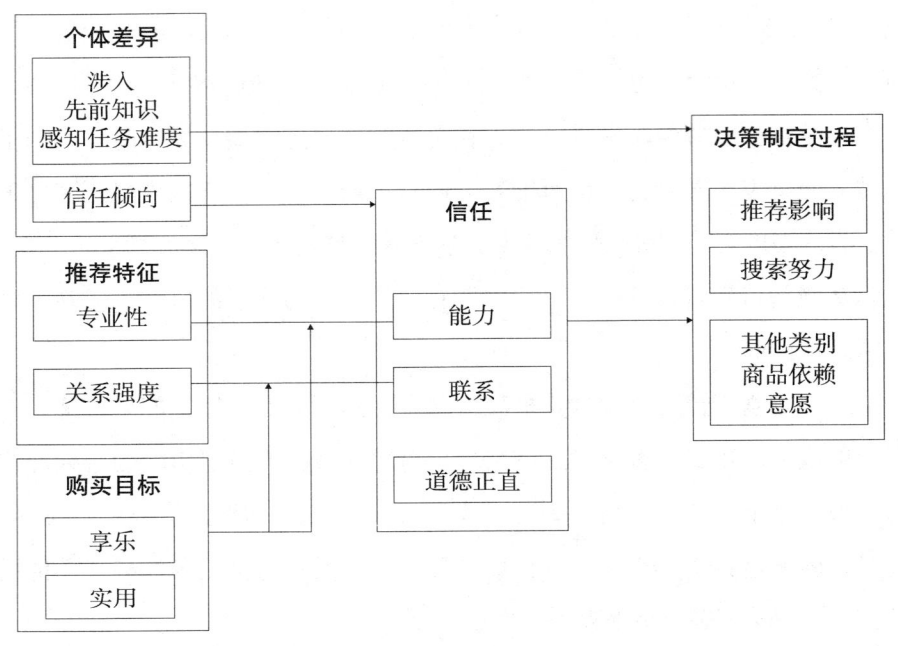

图 2-1　Smith 创建的研究模型

Komiak 在研究中重点分析了电子商务平台中自动推荐信息（Recommendation Agents，RA）的特性认知是否会对消费者的使用意愿与购买决策产生影响，并创建了如图 2-2 所示的研究模型。在这一影响过程中，信任与采纳成为中介因素。运用这一模型进行研究之后得出结论：消费者对 RA 的信任完全取决于对 RA 特性的认知，进而对 RA 使用意愿与决策产生影响。

图 2-2　Komiak 创建的研究模型

章晶晶（2007）在研究过程中，先是对相关理论知识进行了梳理，包括谣言扩散、口碑传播理论等，然后创建了专门用于对口碑再传播意愿产生影响的理论模型，重点分析了口碑内容、来源、接受者特征等是否会对消费者的再传播意愿产生影响，并创建了如图2-3所示的研究模型。经研究了解到，在网络平台中，口碑接受者是否愿意进行再传播，与口碑内容、来源、自身特征三大因素有关。在来源可信度对再传播意愿产生的影响中，产品涉入度能起到有效的调节作用，来源专业性、产品涉入二者之间互相影响。与此同时，网络涉入度能使再传播意愿与传播内容趣味性之间起到明显的调节作用。

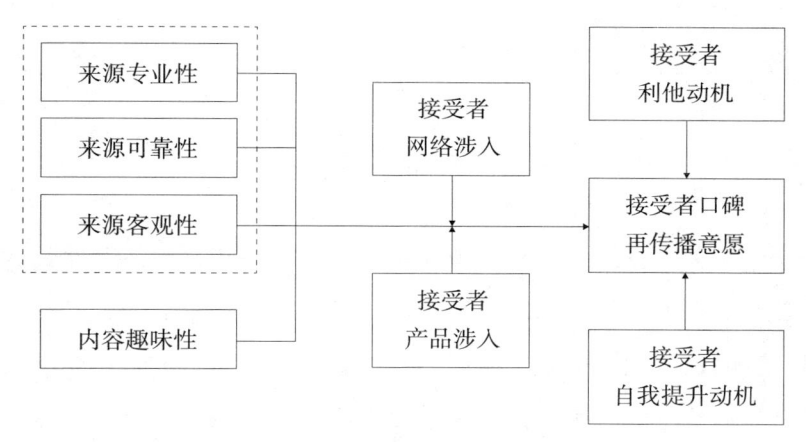

图2-3 章晶晶创建的研究模型

毕继东（2009a）在研究过程中，依托TAM（Technology Acceptance Model，技术接受模型）理论，从消费者感知层面入手，创建了专门用于分析网络口碑会对消费者购买意愿产生何种影响的概念模型，现以图2-4的形式对该模型加以描述。

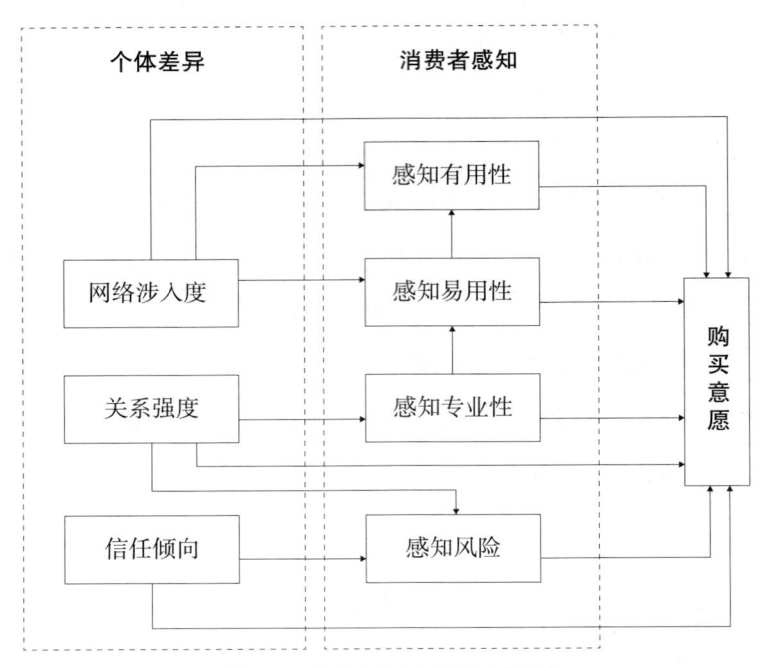

图 2-4　毕继东创建的研究模型

该模型主要包括两大构成要素，即消费者感知、个体差异。这两大要素都对消费者购买意愿产生影响。经过实证分析了解到，有些要素会对消费者的购买意愿产生正向影响，包括信任倾向、关系强度等；有些要素会对消费者的购买意愿产生负向影响，包括感知专业性、感知风险等。网络涉入度与信任倾向二者之间形成了正相关关系。在对购买意愿产生影响的多个要素之中，关系强度是最重要的一种，关系强度比较高，意味着口碑传播与接受者之间保持着密切联系，能更容易接受对方的意见。

铁翠香（2015）在研究过程中，把虚拟社区购物网站口碑当成分析对象，依托说服理论，参照技术接受模型中的几个关键要素，创建了如图 2-5 所示的研究模型。

第二章 文献综述

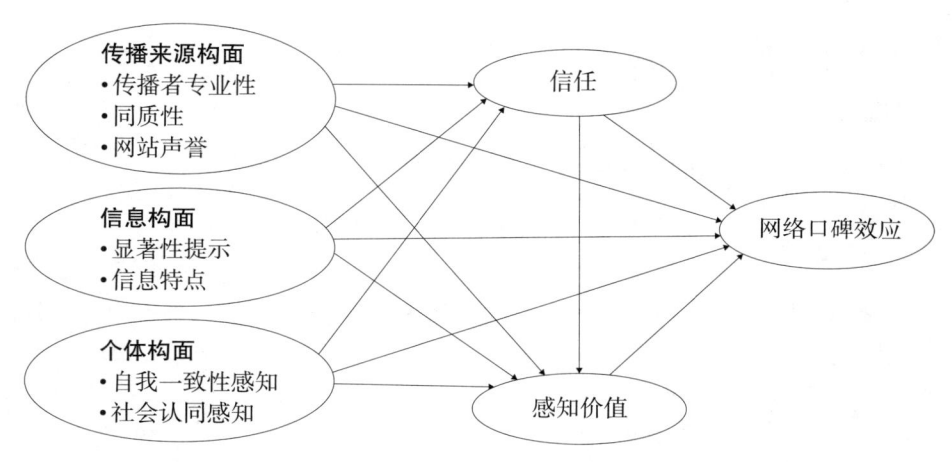

图2-5 铁翠香创建的研究模型

实证研究表明,网络口碑的传播效果取决于个体对信息的感知。在网络口碑对购买意愿产生影响的过程中,存在一个重要的中介变量,即信任。如果口碑接受者对口碑内容表示信任,就会购买口碑信息中提到的产品。对这种影响机制进行分析,可知个体能从口碑信息中明显感受到产品品牌价值,继而做出购买决定。

以上学者在传统口碑研究框架下,基于物理环境中对网络口碑效果进行研究。然而,在网络口碑传播环境中,诸如性别、年龄、社会地位和职业等社会线索很少,很难通过这些来确定信息来源的专业性和可信度。因此,现有的理论可能不适合描述网络口碑对购买意愿与产品价值评估产生的影响。Brown等人(2007)在研究中重点对网络口碑进行了研究与分析,发现在网络口碑传播环境中来源可信度与传统口碑环境下相似。但是,由于传统网络口碑传播环境和消费者的性质,一些独特的属性影响了网络口碑信息以及该信息的提供者在其发布的网站中的可信度。在重新定义信源可信度的基础上,Brown等人(2007)创建了一个网络口碑效果研究模型,如图2-6所示。

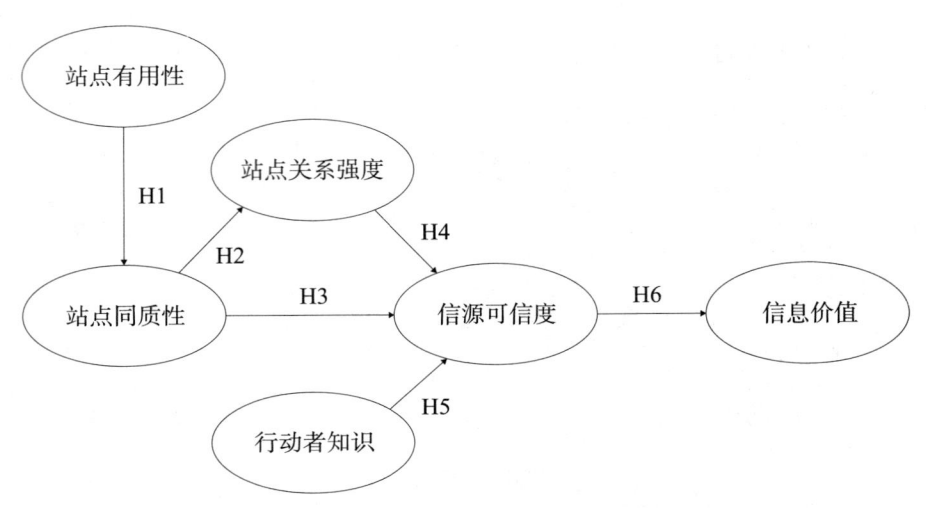

图2-6 Brown等人创建的网络口碑效果研究模型

对该模型进行分析可知，消费者在网络平台中进行互动，口碑传播是一种主要形式，但从现阶段线下口碑理论的研究进展来看，这项理论无法对网络口碑与消费者购买意愿、评价之间的关系做出合理解释。针对这一不足，Brown等人（2007）进行了一次包括两个阶段的研究。先是组织了深度访谈，旨在找出哪些因素会对口碑效果产生影响，然后在社会网络理论的支撑下对虚拟商业社区口碑传播的效果展开了细致分析。他在研究过程中对传统口碑传播模型进行了改良，认为口碑传播的参与者比较多，其中包括情境，与情境中其他参与者产生的社交关系成为对传播效果产生影响的因素。在此基础上进一步分析消费者购买意愿、态度等是否会受到网络口碑的影响，以及这种影响的程度有多深。经实证分析了解到，信源可信度会受到站点同质性、站点关系强度、行动者知识等因素的影响，如果信源可信度比较强，消费者就会做出购买决策，也会主动发布评价信息。

Kim等人（2018）在Brown等人（2007）研究的基础上，基于在线社交网络视角，对与网站相关的3种社交网络要素的综合模型进行了构建及验证，模型如图2-7所示。

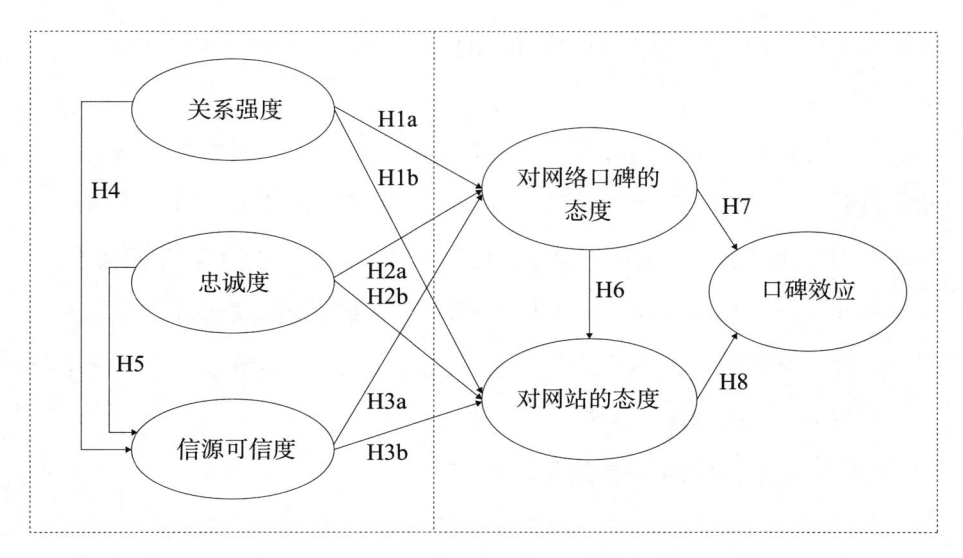

图2-7　Kim等人创建的网络口碑效果研究模型

该研究通过对793名受访者的在线调查进行分析，验证了网站与消费者之间的同质性和关系强度是信源可信度的重要驱动因素，这反过来又会影响消费者对网站评论的态度。

四、关系强度的相关研究

通过对传统环境下的口碑进行研究可知，如果形成了强关系，口碑传播就会产生较好的效果（Brown et al., 1987；Frenzen et al., 1993；Bansal et al., 2000）。网络研究人员根据交换资源的数量和类型、交换的频率、与交换相关的情感强度以及关系伙伴的亲密关系来区分强关系和弱关系（Granovetter, 1983）。那些有着强关联的人，比如家人和朋友，往往会在个人网络中建立更密切的关系。人际关系密切的人往往有共同的兴趣和背景，愿意为彼此提供物质和情感上的支持（Chu et al., 2011；Goldenberg et al., 2001）。弱关系通常以不常见和遥远的关系为特征，经常发生在遥远的关系中，由不同文化和社会背景的广泛熟人组成（Goldenberg et al.，2001）。

口碑传播的信息来源有两种，一是熟人，二是陌生消费者。商业传播的信息源也有两种，即营销人员和企业。消费者一致认为，口碑传播信息源具有较高的可信度，这是因为所有信息源都建立在社会关系的基础之上。

Anderson（1988）认为，要想实现口耳相传，信息发布者与接受者之间一定存在某种关系，不管这种关系的远近、深浅、亲疏如何，如果不存在任何关系，口碑信任传递则无从谈起。

1. 关系强度与信源可信度的相关研究

在对口碑质量进行传播的过程中，传播者与接受者之间的关系强度成为主要线索。在对信息可信度做出评判时，社会关系强弱成为最重要的影响因素。如果双方之间形成了强关系，信息传播者会真诚地表达自己的消费体验，耐心地对产品的真实情况加以介绍，口碑信息会更加可靠、具体，产生较强的影响力。人们一般会对自己熟悉的人表示信任，尤其会受到亲朋好友口碑信息的影响。而一些直接由企业、销售人员、陌生消费者发出的口碑信息，则很难产生较强的信任感。

Brunvand 在研究中发现，对于一些由自己的亲人、朋友、同事等传播的口碑信息，人们一般能对信息中涉及事件的真实性表示认同。在对环境因素的考虑中，个人倾向将具有强关系的群体中产生的信息视为更可信（Brown et al.，2007；Mack et al.，2008；Zhu et al.，2010）。

网络口碑信息发布渠道虽然没有被当作网络口碑的参与者进行探讨，但也曾被单独作为一个变量用来考察网络口碑效果。网络口碑本身具有匿名的特征，消费者很难对口碑质量、可信度等做出客观评价。有的商家会引导消费者做出积极评论，并由此给消费者发放一定的奖励，这就导致口碑质量降低。面对这种情况，消费者在对口碑质量做出评价时会积极选择多条线索。

网络口碑发布平台则成为一种重要的评价线索。Brown等人（2007）在对网络口碑的研究中，证实站点关系强度对信源可信度产生影响。杨爽（2015）提出个体作为虚拟社区中的成员，与社区网站的关系的亲密程度会影响消费者的口碑效力，并认为与社区关系亲密、互动次数较为频繁的消费者对社区的熟悉度以及信任感更强，口碑效果也更大。Kim等人（2018）在对网络口碑的实证研究中也证实，口碑参与者与网站关系强度对信源可信度产生了正向影响。

2. 关系强度与消费者行为意愿关系的相关研究

Brown等人（1987）在研究中发现，消费者能否做出购买决策，与其自身与口碑传播者之间的关系强弱有关。如果双方形成了较强的关系，口碑传播的效果就比较好，反之亦然。有学者认为，网络口碑与传统口碑之间的差异就是因为消费者与口碑传播者之间的关系强弱有所不同。由于任何人都可以在网络平台中传播口碑信息，消费者与口碑传播者双方形成了弱关系，伴随着双方互动次数的增加，关系强度的加大会改变消费者的态度。在网络口碑中，可以通过弱关系口碑传播多渠道获取广泛的口碑信息，也可以通过逐渐加大的强关系口碑传播强化信任和感知价值。

Chen和Wells认为，口碑传播效果与参与者对平台的态度有关。Brown等人（2007）针对网络口碑的研究认为，口碑传播者与网站的关系强度大，会导致消费者对信源更信任，从而影响其行为意愿。毕继东（2009b）在研究过程中重点分析了消费者行为意愿会受到哪些因素的影响，认为如果口碑传受双方形成了较为密切的关系，彼此经常进行互动，就能产生良好的口碑传播效果，消费者会重视对方意见。Lim等人（2015）表示，消费者在对自己接收的信息进行处理时，平台和口碑传播者之间的熟悉度成为重要的影响因素。在对美国大型商家点评网站Yelp的使用者进行分析时，了解到如果口碑传播者与平台较为熟悉，信息接受者就会对口碑传播者的能力、信息价值表示认同，产生较强的行为意愿。Kim 等人（2018）认为，当消费者更频繁地使用某个评论网站并因此与其建立牢固的关系时，他们可能对评论的态度更好。

对以上关于口碑传播双方社会关系的文献进行梳理可以看出，口碑信息能否产生较强的说服力，与口碑传受双方之间的关系强弱有关。如果关系较强，彼此的信任度就会有所提升，口碑说服效果也会比较强。

五、同质性的相关研究

同质性被描述为彼此交互的个体在某些属性方面的相似程度，如年龄、性别、种族和教育水平（Rogers，1983）。个人更有可能与具有相似属性的人互动，因为他们通过更强的信任和情感依赖减少了关系中的潜在冲突（Katz et al.，2004）。因此，通过口头传播进行的信息交换在同质个体中比在异质个体中更容易发生（Brown et al.，1987；Chu et al.，2011）。

1. 同质性与信源可信度关系的相关研究

以往针对网络口碑的研究认为，如果信息传受双方有较强的同质性，接受者对信息的信任度就比较高。这可能是因为双方之间的文化层次、所处的年龄段、从事的职业、生活背景、爱好特长等较为相似，产生了较多的共同语言。通常情况下，个体之间的相似度比较高，喜好也会较为相似，在分析事物、做出判断时会产生情感共鸣，对彼此发表的消费评论表示认同（Bickart et al.，2001）。

在网络口碑之中，网络评论者会不由自主地表达个人喜好，也会将自己的消费经历与体验介绍给他人，流露出自己的兴趣特长等。信息浏览者在这些信息的辅助下，能找到自己与信息传播者之间的相似性，进而产生信任感，明显感受到双方是"同路人"，就会对其发出的信息表示认同。这种信赖源于感知的共性（Ayeh et al.，2013；Levin et al.，2006）。

现在，网络上许多社区或网站就是由一些有着共同兴趣爱好的网友创建的。在网络平台上，网友会发布一些与某种产品或服务有关的评论，这些口碑信息会得到其他成员的肯定，而社区外部成员即使发布口碑信息，也难以产生这样的影响力。

Bickart 和 Schindler（2001）将网络口碑平台分为两种，一种是由营销人员创建的，另一种是由非营销人员创建的。品牌网站、论坛分别属于第一种、第二种网络口碑平台。经过对比分析了解到，消费者会更为关注一些从论坛中获得的信息，他们会对此类信息更感兴趣。

2. 同质性与消费者行为意愿关系的相关研究

Gilly 对网络口碑进行了研究，明确表示口碑信息接受者的行为与态度会受到多个因素的影响，其中最主要的因素就是信息接受者与信息来源之间是否形成了同质性。消费者不仅能从权威人士那里获得产品信息，也会积极从一些与自己有着同样兴趣爱好、年龄相仿者那里获取信息，即"这个人与我具有较强的相似性，因此如果他能那样做，他能对那个产品满意，那么我也肯定能这样做，同样那个商品也一定能令我满意"。

Lazarsfeld 等人（1954）首次提出了"相似性"这一概念，认为如果信息的传受双方具有较强的相似性，就更容易进行沟通。这一原理同样适用于口碑传播之中，如果多个消费者之间存在较强的相似性，就会产生较强的口碑效果。Feldman 等人（1971）认为，信息接受者会从众多自己需求的产品信息中，找到与自身喜好、需求具有较强相似性的传播者发布的信息。这些信源与自身情况较为相似，因此也具有一定的影响力。

Senecal 等人（2004）在研究过程中，依据网站是否具有商业性质、是否得到了第三方支持这两点，把网站划分为不同的类型，经过对比分析后发现，消费者最为信赖的是得到了第三方支持却不具备商业性质的网站，这个类型的网站能产生较强的口碑传播效果。

六、信源可信度的相关研究

有学者对口碑效果的影响因素进行了分析与探究，发现口碑效果取决于多个方面，信源可信度是其中最重要的一点。信源可信度通常被认为包括两个重要方面：感知可信度（网站信誉）和信息发送者的专业性（Willemsen et al.，2012）。

信源可信度理论阐明了信源可信度与口碑传播效果之间形成了正向关系。依托这一理论，信源可信度较高，就能产生良好的口碑传播效果。这一理论认为，信源可信度应该由信息接受者进行评判，由熟人和陌生人提供的口碑信息的可信度有所不同。Hovland 等人在信源可信度理论中明确表示，信息接受者能否接受口碑信息中的各种观点，能否受到这些观点的影响改变自己的决定，这与信源可信度有关。

Janis 等人在研究过程中，重点分析了信息说服力与信源可信度之间的关系。他们一致认为，如果信源可信度比较高，消费者就会对信息中提及的产品表示认同，而一些可信度比较低的信源，消费者会认为这些评价存在偏颇，甚至认为是不公正的。Giffin 通过研究也得到了较为相似的结论，在他看来，人际传播过程中如果能产生较深的信赖，就是因为交际双方产生了较高的可信度。简言之，如果某个人觉得另外一个人是可以信任的，就会形成较高的可信度。Bimbaum 等人表示，信源可信度会使信源偏差效果被放大，越是可信度比较高的信源，对人们产生的说服力就越强。

Chaiken 等人在研究中了解到，消费者会把信源可信度当成重要的判断依据，会对其决策产生直接影响。尤其是在完成一些并不重要的任务时，信源可信度会被当成判断的主要线索，甚至会成为重要的决定因素。Petty 等人（1981）认为，消费者在对信息进行处理时，会借助周边路径，把信源可信度当成重要的依据与分析线索，在此基础上做出消费决策。Eagly

等人认为，交流者所具有的正面属性是增强信息说服力的主要因素，如果信源可信度比较高，就会对消费者的购买决策产生积极影响。Dabholkar（1996）通过研究发现，消费者之所以更青睐非商业网站，是因为此类网站的口碑传播都源于消费者自身。Park等人（2007）在研究过程中选择了一些影响力较高的网站，以此来代表高可信度信源。经研究发现，此类网站的口碑效果要明显好于普通网站。Bickart等人（2001）进行了一项实验分析，消费者通过企业官网、在线讨论区两种信源获得了5种信息，其中包括产品知识、其他消费者的兴趣、想法、预期花费、购买概率。经过对比分析之后了解到，在线讨论区的信息会对消费者产生更为积极的影响，尤其是在线讨论区所提供的信息的中肯性、可信性等都要明显高于企业官网，产生了较强的影响力。在促销与广告领域，信源可信度在提高消费者对广告和品牌的态度以及购买意图方面起着重要的作用。

七、产品涉入度研究

涉入属于心理学的一个概念，虽然不能直接对其进行观察，却发现其具有较强的激发性、刺激性。涉入对象虽然存在着明显的差异，但"个人相关"是绝对的核心与关键。个人相关是指个体与某种事物、活动等存在的关联度。借助二分法，可以将涉入分为低度涉入和高度涉入。在对涉入者对事物的关注程度进行评价时，涉入度成为重要依据。

自20世纪60年代开始，学界在对消费者行为进行研究时就引入了涉入度这一概念。Krugman（1965）提出了"低涉入消费行为"这种说法，引起了更多学者的关注。在对消费行为做出解释时，涉入度发挥了重要作用。在执行营销策略时，消费者的涉入度成为重要考量因素（Cohen，1983）。

Zaichkowsky（1985）表示，许多因素都会对涉入产生影响，尤其是情境、个人、产品等因素，并创建了与之相匹配的研究量表。个人因素是指个人的价值取向、个人的自我概念、个人的需要与兴趣、人口统计变项、个人对产品积累的经验等。产品因素是指与产品带来的价值、象征意义、产生的危害、价格、使用寿命等有关的内容。情境因素涉及产品适用环境、采购情境、外在环境等多方面的内容。

Flynn 等人（1993）在研究中重点对消费者采纳趋向进行了研究与分析，把 247 个商业专业本科生当作研究样本，结合获得的数据资料了解到，如果消费者的涉入度比较高，就能积极主动地获取产品信息，也会对各种同类产品的差异进行对比，进而做出最合理的决策。如果消费者的涉入度比较低，在这方面就会显得十分被动，不会耗费过多的时间对产品信息、不同品牌之间的差异进行对比，在对信息进行评估时采用的方法也比较简单，甚至会盲目地做出购买决策，不会对产品提出过高的要求（张中科 等，2009）。

Smith（2002）在研究中重点分析了在网络平台中消费者的购买意愿是否会受到他人推荐信息的影响。经研究了解到，消费者做出决策时会受到产品涉入度的影响。

章晶晶（2007）创建了能用于对口碑再传播意愿进行分析与研究的理论模型，从信息源、内容、信息接受者个人特征等方面入手来分析再传播意愿会受到哪些因素的影响。研究发现，在信源可信度与再传播意愿之间，产品涉入度会起到重要的调节作用。

Verbeke 等人重点对食品行业的口碑传播进行了研究，发现消费者信息搜索、关注、行为意向等会受到涉入度的影响。

金立印（2007）认为，消费者购买意愿会受到口碑传播的影响，由于产品涉入度有所不同，正面口碑、负面口碑所产生的影响也有所不同。如果产品涉入度比较深，就会产生较好的口碑传播效果。

消费者在做出决策时，对各种产品的辨识度、辨识范围等都会受到产品涉入度的影响。如果产品涉入度比较高，消费者就会对产品信息的准确性进行合理判断，一般不会受到负面口碑的干扰。由此可见，要想消除负面口碑的不良影响，可以提高信息接受者的涉入度。

张中科等人（2009）在研究过程中重点对负面口碑信息进行了分析，研究了口碑信息变量、产品涉入度等是否会导致消费者选择新的品牌。经研究发现，产品涉入度、口碑信息变量等都会导致消费者重新选择品牌。

铁翠香（2015）重点对网络口碑效应进行了分析，发现在消费者购买意愿与信源可信度之间，产品涉入度会产生一定的调节作用。

八、研究文献述评

基于本书研究的问题，本章对网络口碑效果及其影响因素中的在线社交网络结构要素进行了综述。

通过梳理发现，以往对网络口碑效果的研究大多从传播学视角出发，主要对口碑传播过程五要素"信源""接受者""口碑信息""传播渠道""说服效果"的关系进行研究。以往在对信源的研究中，很少考虑网络平台的因素，有学者在对信源可信度进行探讨时提出网络口碑对信源可信度的测量可以用站点可信度来代替，并提出消费者认为口碑发布的网站可信度高，则信源的可信度也高。还有学者将网络平台单独作为研究对象，验证了消费者与站点关系强度对消费者行为意愿产生显著影响。在此前的探讨中，少有从社交网络框架理论出发，将网络平台作为网络口碑"参与者"来进行研究。

Brown等人（2007）提出在线社交网络环境与传统口碑传播环境不同，由于在线发布的网络口碑信息通常来自某个未知的个人，这种在线网络环境中的社交互动有限性将加重消费者对网络口碑可信度的怀疑态度。以往基于传统口碑传播环境的口碑效果研究已经不再适用，该研究提出了OSN

框架下的口碑效果概念模型,将以往固化的传播效果研究框架下的影响因素基于新的情境重新定义,并通过实证研究验证了在线社交网络下的网络口碑效果概念模型的合理性。

　　Kim 等人(2018)通过 OSN 框架检验网络口碑沟通的社会关系影响,研究验证了 Brown 提出的 OSN 框架下口碑效果模型的合理性。这一研究框架为以往口碑效果的研究提供了新的研究框架补充,丰富了未来研究的方向和思路。本书研究的理论依据和研究模型主要基于此研究框架进行。

第三章　理论模型及研究假设

本章对相关理论进行梳理，创建了研究理论模型并提出假设，为下一步研究的有序开展夯实基础。

第一节　理论基础

Brown 等人（2007）提出的 OSN 框架利用了社会网络理论（Granovetter，1983）和消费者 - 品牌关系这两个完全不同但相互关联的理论研究网络口碑有效性的社会因素和关系因素。

一、社会网络理论

口碑传播发生在人际交往之间，每个人都不是孤立存在的，形成了鲜明的社会属性。马克思认为，人是一系列社会关系的总和。从这一角度出发，网络口碑传播实际上是为形成更好的人际关系而创建的社会网络。Granovetter（1983）在自己的论文中对社会网络关系给出了如是定义：在个人与个人、组织与组织之间由于交流和接触而存在的一种纽带联系，把这种社会网络关系划分为两种类型，即强关系、弱关系，可以从情感力量、交流次数、亲密程度、互惠互换等4个方面入手来分析关系的强弱。如果沟通双方保持着密切的情感联系、互动较为频繁、交换具有互惠性，就会形成强关系，反之则为弱关系。

许多学者在研究中重点分析了信息传播与社会关系之间存在的联系。Granovetter认为在传递信息的过程中，弱关系能起到桥梁作用。在他看来，交际双方之所以会形成强关系，就是因为双方在文化层次、所处的年龄段、从事的职业等方面具有较强的相似性，虽然在相处过程中能获得大量信息，但这些信息中相当一部分都是重复的，只能在较小的范围内得到传播，很难获得更为全面的信息。具有不同社会经济特征或处于不同群体之中的个体虽然只能形成弱关系，但他们之间存在着较强的异质性，在交往过程中能获得更多的新信息，这些信息中存在着大量有价值的内容。

在后来的研究中，Granovetter提出了"嵌入性"这一概念，指的是各种经济行为的发生及引发的后果与行为人之间的关系有关，且与关系网络结构有关。Granovetter表示，正因为人被嵌入社会关系网络之中，才会对其他人产生信任。要想获得信任，彼此之间一定要经常接触、沟通、交流，这是获得良好情感、拥有较高声誉的前提。在长期的交往过程中，会形成深厚的情感，网络之中会形成紧密的成员关系。由此可见，信任源于社会网络中的强关系。

社会网络理论认为，弱关系中信息的传播速度与广度都要强于强关系，嵌入性突出了信任机制在社会网络中的重要性，而强关系是获取信任的前提。从社会网络理论出发，在传播信息过程中，信息传播者与接受者之间形成了怎样的社会关系，会对信息接受者判断信息可信度产生直接影响。从口碑传播方面入手，信息传播往往发生在熟人之间，包括同事、亲戚、同学等，彼此的互动次数比较多，产生了深厚的感情，彼此的关系也较为亲密。从这一角度来看，口碑传播双方形成了强关系，这种强关系会使信息接受者逐渐对传播者产生信任。因此，消费者会对熟人的口碑信息表示信任，会对企业、销售人员、陌生人的口碑信息产生疑问。Brown（2007）通过实证研究了解到，如果口碑传受双方形成了高强度的关系，口碑信息接受者更容易做出购买决策，而弱关系则难以产生这样的效果。

通常情况下，如果消费者的亲朋好友与自己的年龄、职业、学历等具有较强的相似性，就能获得一些高重复性的信息，消费者要想获得更多有价值的信息，则应多利用弱关系。弱关系是消费者不太熟悉的，有些群体虽然关系并不密切，人与人之间的信任度并不高，但能为彼此提供大量的新信息，帮助自己形成正确的消费观念，达到开阔视野的目的。由此可见，消费者获得的更多信息是由弱关系提供的，消费者可以在熟人的帮助下从陌生人处获得自己需要的产品信息。

在对网络口碑影响力做出解释时，社会网络理论能发挥积极作用。现代人可以通过电子邮件、社交软件等与亲朋好友进行沟通、交流信息。这种信息交流方式解决了传统口碑信息在传播过程中受到地域限制的问题，能使信息在较广的范围内得以传播。对于熟人传播的口碑信息，消费者会予以信任，并当作自己购物时的参考依据。然而，能形成强关系的人并不多，以这种方式获取的信息量十分有限，熟人也未必能向自己提供翔实、全面的信息，更不可能都是这方面的专家。在这种情况下，为了获得需要的信息，消费者会从网络平台中进行搜寻。互联网社区、论坛、电商平台等都能为消费者提供多样化的商品信息，而这些信息的传播者一般都是匿名的，消费者无从了解他们的真实情况，彼此之间只能形成弱关系。

从整体情况看，社会网络理论主要对网络平台中强、弱关系产生的影响进行分析，通过这一理论可知，口碑效果会受到信息传受双方关系的影响。如果双方关系比较强，彼此之间就会产生深深的信赖感，口碑效果就会增强。消费者要想获得更多的口碑信息，则要充分发挥弱关系的作用。

Brown 于 2007 年提出基于社交网络环境下的网络口碑传播影响因素与传统口碑有所差异。过去在对网络口碑传播进行研究时，把传受双方之间的关系当成研究重点,情境因素很少被加入考量。然而,在新的在线社交网络情景下,应将在线社交网络作为与口碑传播者和接受者互相产生影响的对象。传播者在这一环境下的传播行为中,首先与环境发生关系,产生影响,然后这一互相作用的结果又与口碑接受者发生关系,最终影响口碑接受者的行为意愿。

本书在社会网络理论的基础上,引入 OSN 框架理论,将口碑传播者与网站之间的关系强度看作影响口碑效果的重要的社交结构因素。

二、消费者 – 品牌关系理论

为了更好地理解在线社交网络环境中的网络口碑传播,有必要研究消费者 – 品牌关系理论。

早在 20 世纪 30 年代初,McElroy 创建了品牌经理制,自此以后,企业在提升竞争力的过程中,品牌逐渐成为最主要的动力源,业界的需求对品牌理论研究的发展起到了助推作用。下面将品牌理论研究历程划分为 5 个时期。

1)品牌时期。在这一时期,学者们主要对品牌进行定义,也对其内涵进行分析,对商标、命名、标识等方面加以规范。自此以后,在营销理论研究领域,品牌成为研究热点。

2)品牌战略时期。在这一时期,学界与业界逐渐把品牌经营提升到战略层面,从塑造品牌的视角出发,提出了一系列品牌理论,其中包括品牌形象论、定位论、延伸研究理论等。

3)品牌资产时期。自 20 世纪 80 年代,企业在竞争过程中经常会发生并购、价格调整等现象,品牌市值与增值引起了企业的重视,品牌资产理论研究的层次越来越深。卢泰宏等人从概念模型层面入手,把品牌资产理论研究划分为 3 种类型,第一种是建立在财务会计基础之上的品牌资产理论，该理论最突出的成果就是由 Interbrand 等人创建的评估模型；第二种是建立在市场基础之上的品牌力概念，其中最优秀的成果是由 Pita 等人合著的《十年代品牌资产管理计划》；第三种是以消费者为基点的概念模型，品牌资产五星模型等是其中最优秀的研究成果。

4）品牌管理时期。为了促进品牌资产的长足发展，企业设立专门的组织、制定合理的标准等对品牌进行管理。在这一时期，涌现出一系列与品牌管理有关的研究成果，例如 Aaker 的《品牌领导》《管理品牌资产》，Keler 的品牌报告卡评估方法、《战略品牌管理》等。

5）品牌关系阶段。"关系营销"这一营销新范式在品牌层面的潜入，为品牌关系理论的诞生创造了有利条件。品牌关系是指消费者与品牌之间形成的关系，是该领域的研究热点。Blackston（2000）在人际关系理论、关系营销理论的有力支撑下，首次提出了"品牌关系"的说法。在他看来，品牌关系就是消费者与品牌之间的互动，在这一互动过程中，品牌与消费者这两大要素不分轻重、同样重要，并且相互之间会有互动反应。

Fournier 认为，消费者会采取自己与他人建立关系的方式，与品牌或产品建立一定的关系。消费者和品牌或产品可以被视为在概念上类似于"伙伴"。这种共存关系基于个人对品牌情感依赖的基本需求，得到了以下理论的支持。品牌在消费者心目中是人性化的，并且可以作为关系伙伴。消费者经常将品牌的人格属性赋予品牌，从而创造品牌的重要象征性。因此，具有"正确"个性的品牌可以引导消费者相信品牌是相关的，并且他们应该对此持积极态度并与之保持联系（Aaker, 1997）。

社会网络理论和品牌关系理论是在线社交网络理论形成的理论基础。品牌关系理论将关系的拟人化延伸至在线社交网络当中，成为消费者活动的参与者，共同互动产生影响。社会网络理论中关系强度的大小在口碑传播及口碑效果当中存在不同的作用，社交媒体作为一种在线的社会网络，同时也作为参与口碑传播的参与者，共同对口碑的传播与效果产生作用。

三、信源可信度理论

霍夫兰德（Hovland）是传播学的创始人之一，他将多年的研究成果进行了汇总，出版了《传播与说服》，并在书中提出了这样的观点：受众不可能脱离信源接受信息，受众能否接受并认同某种信息，完全取决于他对信源的看法与态度。因此，传播效果主要取决于信源可信度。霍夫兰德表示，信源可信度就是受众对信源产生信赖的程度，主要包括可信赖性和专业性两方面。如果信源具有较强的专业性，就能为受众提供更多有效性较强的信息；如果信源具有较强的可信赖性，就能为受众提供一些与事物本质保持一致的信息。

霍夫兰德曾做过一个实验，为两组受测者分别发放刊登同一篇文章的两本杂志，这篇文章的主要内容是倡导政府允许自由贩卖抗组胺剂，这篇文章同时刊登于《大众月刊》《新英格兰生物医学》两本杂志，前者只是一本通俗杂志，而后者具有较强的权威性。两组受测者在同样的时间内阅读文章，阅读《大众月刊》的受测者中，态度发生转变的只有7%，而阅读《新英格兰生物医学》的受测者中，态度发生转变的达到了27%。

Ohanian（1990）在研究中发现，信源可信度包括三方面的内容，即专业性、可靠性、吸引力。他在研究过程中，率先增加了吸引力这个维度，认为如果沟通者的吸引力比较强，就能给信息接受者留下良好而深刻的印象。因此，在推广品牌时，许多企业会请明星代言。传播效果会受到传播者的影响，即使同样的信息、在同样的情境之下，如果传播者影响力比较大，就容易让受众接受。通常情况下，信源可信度比较高，就会产生良好的说服效果。

四、涉入理论

涉入理论诞生于 1947 年，提出者为 Sherif 和 Cantril，该理论是建立在社会判断理论基础之上的。他们一致认为，如果一个人对某一事物产生了较深的自我涉入，便很难接受相反意见，这就是反比效应。反之，对于一些与自己立场、观点保持一致的人，他们不仅会乐于接受这些人的观点，还会对其表示支持，这就是同比效应。借助这两种效应，能预测出一个人会对其他人的意见产生什么样的反应。Sherif 和 Cantril 提出的这种理论最初并没有在营销领域得到运用，而是引起了一部分心理学家的注意。

营销学者们在对消费者行为进行分析与研究时，一般会把解决问题的策略当成突破口，逐渐展开推理。他们提出了这样的假定：所有消费者都是善于思考的、较为理智的，他们在购买每一种商品时都会广泛搜集信息、在多种同类商品中进行对比，也会设计出替代方案，最终做出购买决策。20 世纪 70 年代初，尼科西亚（Nicosia）提出了这一模式之后，震惊了整个营销学界，越来越多的学者对这一模式进行分析并衍生出其他模式，例如 Engel-Kollat-Blackwell 模式等。

在对消费者行为进行解释时，这些不同的消费者行为模式发挥了一定的作用，但许多学者在调查与分析中发现，大多数消费者在购买商品时并不会按照这样的步骤进行，也不会反复进行权衡。也可以说，大量实践表明，消费者在购买一些生活中经常会用到的商品时，并不会仔细收集信息，也不会设计多种方案，而是会选择一些自己需要的或是购买较为便捷的商品，也可能在他人的影响下做出冲动的购买决策。这种商品购买行为并没有遵循既定的程序，很难用这种模式对生活中消费者的各种购买行为做出合理解释，只能解释某些特定商品的消费行为。

因为在现代社会中，人们需要应付的事情很多，包括家庭琐事、工作任务等，无法把过多的精力用于挑选生活用品，所以在购物过程中会更多地考虑便捷性。为了对日常生活中消费者的购买行为进行合理解释，为了使前期消费者行为理论中存在的不足得到弥补，营销学者们尝试将涉入理论引入营销学研究之中，并对这一概念进行拓展，认为涉入是指一个人对某一事物所感受到的关切程度，并创建了简单的二分法，把消费者涉入划分为低涉入、高涉入两种。

值得肯定的是，涉入理论的诞生与发展为学界对消费者行为进行分析与研究带来了全新的视角。

第二节　理论模型构建

Brown 等人（2007）提出了基于传统社交网络和品牌—消费者关系理论的 OSN 框架。他们认为传统的网络方法倾向于关注有限社会边界内个体之间的面对面和一对一的互动。然而，侧重于在线交流性质的研究表明，个人与网站而非其他个人相关联，就像网站是社交网络中的主要参与者和合作伙伴一样。此外，个人似乎建立消费网站关系并且更频繁地与网站进行交互，而不是与实际个人进行交互。在这种情况下，在线社交网络中的参与者是与网站相关的个人，因为人与人之间的联系并不常见。每个人都提供和接收网站中其他个人发布的口碑信息，该网站可被视为关系的主要单位。

Kim 等人（2018）基于 Brown 等人（2007）的理论，将 OSN 框架概念化，以了解在线评论网站中的社交关系，并提出了一个综合模型对社交网络结构及其对网络口碑效应的影响进行验证，拓展并经验性地检验了 Brown 等人（2007）的 OSN 框架模型。

本书基于前人研究的基础，再次检验网站关系强度、网站同质性与信源可信度的关系，同时基于文献综述的回顾，提出信源可信度对网站关系强度、网站同质性与消费者行为意愿的关系具有中介效应。本书将消费者的产品涉入度作为调节变量进行考量，检验产品涉入度是否对信源可信度和消费者行为意愿的关系有调节作用，探讨在产品涉入度的调节下，信源可信度对网站关系强度和消费者行为意愿关系的中介作用，以及在产品涉入度的调节下，信源可信度对网站同质性和消费者行为意愿关系的中介作用，如图3-1所示。

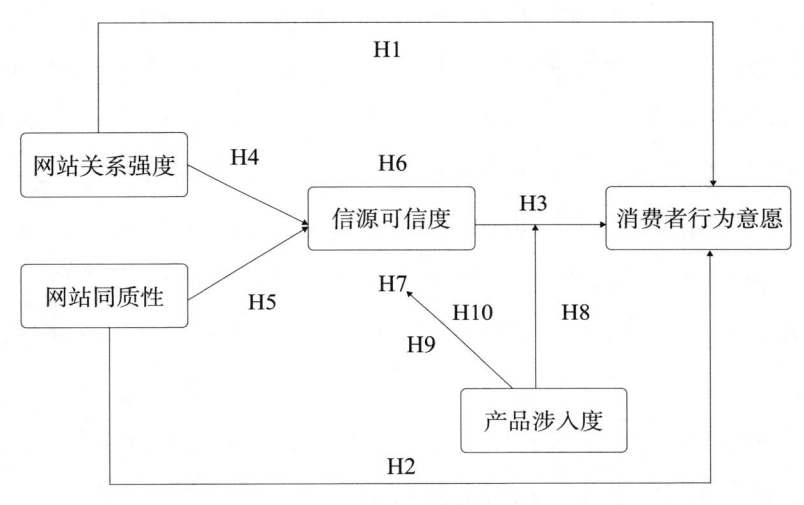

图3-1 本书研究理论模型

第三节 提出假设

一、关系强度的相关研究与假设

许多研究已经将关系强度确定为个人和组织/网站研究的分析框架

（Sohrabi et al., 2016）。Kim 等人（2018）对 OSN 框架下口碑效果研究的模型进行了研究，认为关系强度是社交网络结构中最关键的要素，认为关系强度就是网络成员之间形成联系所产生的效力（Mittal et al., 2008: 196）。人们使用社交网络来满足各种社会需求，例如自我表达（Back et al., 2010; Wilcox et al., 2013）。借助社交网络，能对用户的幸福感、自尊心等产生积极的影响（Valkenburg et al., 2006）。个人也可以通过频繁访问网站并认为此网站对他们来说非常重要而与网站建立牢固的联系。网络研究人员根据交换的资源的数量和类型等交换的频率，与交换相关的情感强度以及关系伙伴的亲密关系来区分强关系和弱关系（Granovetter, 1983）。那些有着强关联的人，比如家人和朋友，往往会在个人网络中建立更密切的关系。人际关系密切的人往往有共同的兴趣和背景，愿意为彼此提供物质和情感上的支持（Chu et al., 2011; Goldenberg et al., 2001）。弱关系通常以不常见和遥远的关系为特征。弱关系经常发生在遥远的关系中，由不同文化和社会背景的广泛熟人组成（Goldenberg et al., 2001）。

毕继东（2009b）在研究中重点对消费者行为意愿进行了分析。在他看来，消费者购买意愿受到诸多因素的影响，而关系强度就是其中最重要的一个。强关系意味着网络口碑参与者之间形成了密切的联系，并且经常进行沟通，会对彼此的意见产生影响。

根据 Brown 等人（2007）对 OSN 框架的探讨，个人与个人社会关系的概念在在线环境中不太相关。相反，可以推断出在在线社交网络中网站作为一个"成员"，而非单纯的情境与个人发生关系，消费者与网站本身的关系会对他的态度产生更大的影响。Lim 等人（2015）表示，传播者在对自己收到的各种信息进行处理时，自身与交流平台的熟悉度成为重要的影响因素，他对 Yelp 的使用者进行研究，发现如果双方之间的熟悉度比较高，信息接受者就能明显感受到信息传播者的能力，并获取大量有价值的信息，这会对接受者的行为意愿产生积极影响。Kim 等人（2018）认为，当消费者更频繁地使用某个评论网站并因此与其建立牢固的关系时，他们可能对评论的态度更正向。

基于上述情况，本书提出以下假设。

H1：消费者与网站的关系强度正向影响消费者的行为意愿。

H1a：消费者网站的关系强度正向影响消费者的购买意愿。

H1b：消费者网站的关系强度正向影响消费者的再传播意愿。

二、同质性的相关研究与假设

同质性被描述为彼此交互的个体在某些属性方面相似的程度，包括性别、年龄、文化层次等方面（Rogers，1983）。Kim 等人（2018）在 OSN 框架下对网络口碑效果的研究中提到，消费者与网站的同质性是理解网络口碑社会影响的因素。具有更高人际吸引力和信任度的个人会产生更高水平的情感依赖。此外，个人更有可能与具有相似属性的人互动，因为他们通过更强烈的情感依赖减少了关系中的潜在冲突（Katz et al.，2004）。因此，通过口头传播信息进行的信息交换在同质个体中比在异质个体中更容易发生（Brown et al.，1987；Chu et al.，2011）。消费者不仅会从专家那里获取与产品有关的信息，还会从同事、同学及其他一些与自身有着相同爱好的人那里获得产品信息。Gilly 等人在研究中了解到，同质性会产生远远超出专业性的影响力。

也有学者表示，人们在社会网络中能接受多少信息及对信息的态度等，会受到同质性的制约。消费者可能更喜欢与自己背景不同的人交流，因为这些人可能会提供更多新的信息和经验。朋友之间往往有相似的生活方式和特征，而相互帮助的行为则经常发生在背景不同的人身上。

OSN 框架理论提出，基于类似的个体特征的传统的同质性概念在当今日益虚拟的环境中是不适当的（Noë et al.，2016）。在线社交网络的成员通常无法获得传统意义上与同质性相关的特征，例如人口统计学和心理学背景。网站同质性是由能够对在线社交网络产生价值的成员兴趣分享组成，而不是个体层面进行评估的（Brown et al.，2007；Chu et al.，2011）。Kim等人（2018）在基于OSN框架下对网络口碑效果进行研究后认为，消费者在在线社交网络中，更倾向于基于网站来搜寻信息，而不是通过对用户的搜索来获取自己需要的信息，基于这样的消费者–网站关系，与网站具有高度同质性的消费者将对网站以及关于网站的评论持有更积极的态度。

基于此，我们认为如果网站提供的信息和内容符合搜索者自身的特点和兴趣，他们可能产生更高的行为意愿。基于上述情况，本书提出以下假设。

H2：消费者与网站的同质性正向影响消费者的行为意愿。

H2a：消费者的购买意愿会受到自身与网站同质性的正向影响。

H2b：消费者与网站的同质性正向影响消费者的再传播意愿。

三、信源可信度的相关研究与假设

信源可信度是用于表示传播者的积极特征的术语，它影响接受者对消息的态度。先前研究的大量证据表明，信源可信度是决定网络口碑有效性的关键因素（Park et al.，2009；Wu et al.，2011）。尽管关于维度的精确尺寸仍存在争议，信源可信度通常被认为包括两个重要方面：感知可信度（网站信誉）和感知经验。感知可信度是指消息来源传播有效信息的程度（Willemsen et al.，2012），并且通常与消费者对网站的看法相关（Park et al.，2009）。在多数消费者眼里，一些影响力较大的网站中提供的信息可信度比较高。感知经验影响了信源被认为能够做出有效断言的程度

(Willemsen et al., 2012)。消费者会觉得权威人士、经验丰富人士、技能水平较高人士发布的信息更加可靠(Ohanian, 1990)。

大量的研究提供了经验证据, 信息接受者的行为与态度会受到信源可信度的正向影响。如果信源可信度比较高, 信息就能产生更强的说服力。Chaiken等人通过研究发现, 消费者在进行思考时会把信源可信度当成一种重要的线索, 这种线索会对其做出决策时产生重要的影响, 这种情况在低任务重要性情境中的体现尤为突出。有些消费者不仅会把这当成思考线索, 还会将其当成唯一决定性因素。Bickart等人(2001)在实验中, 分别为两组消费者提供了两种不同的信息来源, 一组为企业官网, 另一组为在线讨论区, 指导消费者从信源中收集5个方面的信息, 包括产品知识、预期花费等。经过实验后发现, 消费者对在线讨论区提供的信源更感兴趣。与公司官网相比, 在线讨论区的信息中肯性、可信性都比较高, 影响力也比较大。

在促销与广告领域, 信源可信度在提高消费者对广告和品牌的态度以及购买意图方面起着重要作用。Kim等人(2018)发现, 当消费者认为网站上的评论可信且可靠时, 他们更有可能对网站及其评论形成积极的态度。因此, 如果消费者认为专家撰写了一份权威性高的评论, 其购买意愿会受到积极的影响。基于上述情况, 本书提出以下假设。

H3: 信源可信度正向影响消费者的行为意愿。

H3a: 信源可信度正向影响消费者的购买意愿。

H3b: 信源可信度正向影响消费者的再传播意愿。

四、关系强度、同质性和信源可信度关系的相关研究与假设

在传统的口碑环境中, 口碑信息的可信度通常通过评估发送者的知识水平和专业性来确定(Brown et al., 2007; Gotlieb et al., 1992)。在传

统口碑沟通过程中，发送方和接收方通常具有密切的个人关系，因此接收方更容易评估发送方的知识水平，并以此确定信源可信度。然而，在在线环境中，这种评估是与未知个体的相对非个人信息交换。评论是背景未知的个人发布的，因此对评论的评估主要基于网站及其内容而非个人评论者（Brown et al.，2007）。

在考虑决定信源可信度的社会因素和关系因素时，应考虑关系的亲密程度（关系强度）和相似性（同质性）。个人倾向于将具有强关系的群体中产生的信息视为更可信（Brown et al.，2007）。人们还发现，个人倾向于认为与他们具有相似属性的人更诚实，更值得信赖，而且这种信赖源于感知的共性（Ayeh et al.，2013；Levin et al.，2006）。Kim等人（2018）的研究提出信源可信度的评估受到与网站关系（如关系强度和同质性）的影响。当个人因共同的属性、兴趣而与网站建立密切联系时，他们可能会认为网站上的口碑更可信。基于上述情况，本书提出以下假设。

H4：消费者与网站的关系强度正向影响信源可信度。

H5：消费者与网站的同质性正向影响信源可信度。

五、信源可信度的中介效应的相关研究与假设

根据前文的假设推导，本书有理由认为信源可信度在消费者与网站的关系和消费者行为意愿的关系中起中介作用。

Brown等人（2007）针对网络口碑的研究认为，口碑传播者与网站的关系强度越大，消费者对信源就越信任，从而影响到其行为意愿。基于此，本书提出以下假设。

H6：信源可信度在消费者与网站的关系强度和消费者行为意愿的关系中起中介作用。

H6a：信源可信度在消费者与网站的关系强度和消费者购买意愿的关系中起中介作用。

H6b：信源可信度在消费者与网站的关系强度和消费者再传播意愿的关系中起中介作用。

Feldman 等人（1971）表示，口碑信息接受者面对各种信息时，会选择一些与自身具有较强相似性的传播者提供的信息，他们觉得这种传播者的信源可信度比较高，因此其口碑也较具有影响力。基于以上情况，本书提出以下假设。

H7：信源可信度在消费者与网站的同质性和消费者行为意愿的关系中起中介作用。

H7a：信源可信度在消费者与网站的同质性和消费者购买意愿的关系中起中介作用。

H7b：信源可信度在消费者与网站的同质性和消费者再传播意愿的关系中起中介作用。

六、产品涉入度的调节作用

产品涉入度是指个体以消费需求为导向，结合自己的价值取向所感受到的自身与产品之间的关联度（Zaichkowsky，1985）。Poiesz 等人（1995）表示，产品涉入度就是自身与外在事物或情景之间形成的相关性。

基于前人研究，本书提出以下假设。

H8：产品涉入度对信源可信度和消费者行为意愿的关系产生调节。

H8a：产品涉入度对信源可信度和消费者购买意愿的关系产生调节。

H8b：产品涉入度对信源可信度和消费者再传播意愿的关系产生调节。

H9：信源可信度对网站关系强度和消费者行为意愿关系的中介作用受产品涉入度调节。

H10：信源可信度对网站同质性和消费者行为意愿关系的中介作用受产品涉入度调节。

H11：信源可信度对网站关系强度和消费者行为意愿关系的中介作用受产品涉入度调节。

第四章　研究设计及数据收集

　　前文以文献综述为基础，围绕本书研究的主要内容与目标创建了理论模型，也提出了研究假设。本章对这些假设的合理性进行验证。在研究过程中，本书借鉴其他学者编制的测量量表设计各变量的测量问项，根据本书研究的内容编制了初始问卷，并进行了小样本前测。根据测量结果对问卷内容进行修订，得到了最终问卷。在此基础上，本书选择研究样本，搜集研究数据，为下一阶段开展的实证分析做好准备。

第一节　调研对象

　　本实证研究的目的是考察在在线社交网络环境下，消费者与所接触网站的关系是否会影响到消费者的行为意愿及影响机制。在在线社交网络环境中，消费者获取网络口碑信息的渠道多种多样，如购物类网站、社交软件、评论类社区、社交电商平台等。社交电商平台作为当下典型的网络生态，既承载了沟通、社交的功能，又融合了购物的需求，是人们在购物决策中依赖度最高的社交网络。

　　小红书在 2019 年度"模式创新和转型升级主题论坛"中的报告指出，小红书为年轻人记录生活点滴、分享生活体验搭建了庞大的平台，为国内用户做出决策提供了信息支撑。从权威部门发布的统计报告来看，到2019年7月，小红书共有3亿注册用户，"90后"群体成为重要的活跃用户，在用户总数中的占比达到了70%。在平台经济发展过程中，小红书成为典型代表，已经有3万多个品牌商家入驻。在小红书社区中，用户可以通过各种形式发布信息，正能量得到了传播，美好的生活瞬间成为永恒。在先进网络信息技术的辅助下，小红书成功地将各种信息与用户匹配到一起。

与其他电商平台有所不同，社区是小红书发展的起点，最初用户只是在社区中分享自己的海外购物经验，伴随着平台影响力的不断提升，除了传统的个人护理、美妆等方面的信息，还出现了旅行、运动、探店等方面的信息，覆盖面越来越广。如今，交流社区成为小红书的最大优势。截至本书完稿，在Alexa网站排名中，小红书在中国区域内排名520，在同类型网站中排名第一。

对小红书平台的特征进行分析，主要体现在两个方面。一是口碑营销。要想提高口碑转化率，借助真实用户口碑是最有效的方法。例如，许多用户在淘宝网上买东西之前会重点关注其他用户的评论。小红书专门为用户分享口碑提供了平台，创建了一个庞大的用户口碑库。二是结构化数据。小红书社区中消费口碑类型比较多，数千万的用户会为大家分享商品、介绍购物经验。与此同时，用户的各种行为也会产生一定的数据。在这些数据的辅助下，平台可以准确地了解用户需求，为用户提供符合他们需求的商品。

基于此，本书将小红书社交电商平台作为样本选取源，选择小红书用户为主要调研对象，考察用户与平台关系对消费决策和传播决策的影响。

对于调研对象的选择，须满足以下基本条件：1）调研对象有使用互联网的经历；2）调研对象把小红书作为购物参考信息来源之一，并有过接触的经验。

第二节 问卷设计及变量测量

一、问卷调查法的选择

Babbie 等人表示，在实施问卷调查法之前一定要注意三点：一是把个体当成研究对象；二是样本数量较多，无法直接观察；三是把握住更多样本的态度。本书选择问卷调查法，旨在确定消费者行为意愿是否会受到负面网络口碑的影响。

本书采用的问卷主要包括 3 个部分，即整体介绍、个人信息、正文。在正文中对各个变量进行测量时运用了李克特 7 级量表（Likert-7），"1"代表根本不同意；"2"代表不同意；"3"代表有点不同意；"4"代表一般；"5"代表有点同意；"6"代表同意；"7"代表特别同意。本书问卷也涉及一定的个人信息。在设计"个人信息"时，以 CNNIC2009 年网络发展统计报告中的网民分类为依据，旨在提高调研结果的有效性。为了确保问卷的可信度，本书对同质性的问项进行了反向计分。对于个人基础信息，本书问卷设计了一系列问项，其中包括年龄、日平均上网时间、网龄、职业、收入等。

结合小样本前测结果，笔者对初始问卷进行了调整，形成了较为完善的调查问卷。

在向受访者发放调查问卷时，笔者提前把问卷上传到了问卷调查网站。之所以要采用网络电子问卷的形式，是因为这种形式成本低、不会受到地域限制、回应率比较高，并且问卷内容与调查对象的个人特征保持一致，能得到被调查者的积极回应。

二、问卷设计

问卷设计的步骤如下。

第一步，制定初始问卷。将上述模型中提到的变量具体化，制定各个题项，尽量简化每个因素的题项，使其清晰明了，并基于本书的理论研究模型逻辑来设定题项顺序，在此基础上形成问卷的初稿。

第二步，对问卷进行修改与完善。为了增强问卷的内容效度，在设计环节以电子邮件的形式将初始量表发送给相关学科的教授、专家，请他们根据经验提出修改建议，确保问卷中的每个题项都能描述出被测试概念的特征。

第三步，进行小样本前测。形成初始量表之后，选择了30位在生活中经常接触网络口碑的学生，针对调查过程中可能会遭遇到的问题与他们进行沟通，了解他们在填写问卷时产生的感受，明确哪些题项不易于理解，或是不符合他们的行为。对这些内容进行调整，确保在大样本调查时所有受访者都能准确理解问卷内容。

三、变量测量

为确保调研的科学性和可靠性，笔者在设计问卷时充分借鉴了其他学者编制的成熟问卷。所有题项均用 Likert-7 量表进行测量，从"特别同意"到"根本不同意"之间，共划分 7 个等级。本次研究把消费者行为意愿当成因变量，把产品涉入度当成调节变量，把信源可信度确定为中介变量，把网站同质性、关系强度确定为自变量，个人信息部分作为控制变量，共 28 个题项。本次研究涉及的主要变量的相关理论已在前文做出说明，下面详细介绍每个变量对应的题项。

1. 个人信息

Kim 等人在社会商业行为研究中，共选择了 5 个控制变量，即年龄、文化层次、性别、收入、网龄。本书借鉴他们的研究成果，结合当前的研究背景，共选择了 7 个控制变量，详细情况如表 4-1 所示。

表 4-1　个人信息题项表

编码	题项内容
Q37	您的性别为：[单选题]* ○男 ○女
Q38	您的年龄为：[单选题]* ○ 19 岁以下 ○ 20—29 岁 ○ 30—39 岁 ○ 40—49 岁 ○ 50 岁及以上
Q39	您近期平均每天花多少时间上网：[单选题]* ○ 20 分钟以下 ○ 20 分钟—1 小时 ○ 1 小时—3 小时 ○ 3 小时—5 小时 ○ 5 小时以上
Q40	您的文化程度为：[单选题]* ○高中（含）以下 ○本科 ○硕士 ○硕士以上 ○其他

续表

编码	题项内容
Q41	您使用互联网的时间：[单选题]* ○ 1 年以下 ○ 1—2 年 ○ 2—3 年 ○ 3—5 年 ○ 5 年以上
Q42	您的职业：[单选题]* ○党政机关事业单位工作者 ○企业公司管理者 ○学生 ○企业公司一般职员 ○自由职业者 ○个体工商户 ○无业待岗/失业 ○其他
Q43	您的平均月收入：[单选题]* ○ 500 元以下 ○ 501—1000 元 ○ 1001—1500 元 ○ 1501—2000 元 ○ 2001—3000 元 ○ 3001—5000 元 ○ 5000 元以上

2. 网站关系强度

网络成员之间互相联系的频次与程度就是网站关系强度（Mittal et al., 2008）。本次研究参考 Kim 等人（2018）的研究量表从对网站的使用次数、网站对受访者的重要程度，以及网站与受访者的密切程度，这 3 个方面测量消费者与网站的关系强度。网站关系强度的相关问项使用 Likert-7 量表进行测量，具体问项如表 4-2 所示。

表 4-2　网站关系强度测量量表

变量	问项	参考来源
网站关系强度	Q1 请问您大约多久使用一次小红书？ Q2 请问小红书对您的重要程度？ Q3 请问小红书与您的密切程度？	Kim et al.（2018）

3. 网站同质性

同质性是在社交网络中，成员之间在某些属性方面相似的程度。本问卷参考 Kim 等人（2018）测量网站同质性的量表，询问小红书的利益与受访者利益是否一致或是相似，以此来测量消费者与网站的同质性。同质性的相关问项使用 Likert-7 量表进行测量，具体问项如表 4-3 所示。

表 4-3　网站同质性测量量表

变量	问项	参考来源
网站同质性	Q4 小红书的利益与我个人的利益不一致 Q5 小红书的利益与我个人的利益很不相似 Q6 小红书的利益与我个人的利益很不一样	Kim et al.（2018）

4. 信源可信度

本问卷参考了 Ohanian（1990）和 Kim 等人（2018）测量信源可信度的量表，从网站的信息是否诚实、网站的信息是否值得信任、网站的信息是否有经验、网站的信息是否有知识含量，以及网站的信息是否合格，这5 个方面测量信源可信度。信源可信度的相关问项使用 Likert-7 量表进行测量，具体问项如表 4-4 所示。

表 4-4 信源可信度测量量表

变量	问项	参考来源
信源可信度	Q7 来自小红书的信息（口碑）是不诚实的	Ohanian（1990）；Kim et al.（2018）
	Q8 来自小红书的信息（口碑）是不值得信任的	
	Q9 来自小红书的信息（口碑）是没有经验的	
	Q10 来自小红书的信息（口碑）是没有知识含量的	
	Q11 来自小红书的信息（口碑）是不合格的	

5. 消费者行为意愿

消费者行为意愿是指消费者在了解一定的产品信息之后，或是对生产企业产生了一定程度的了解之后，产生消费或进行口碑传播的意愿。本问卷借鉴了毕继东的研究成果，在测量消费者行为意愿的过程中，从购买行为、再传播行为两方面入手。相关问项使用 Likert-7 量表进行测量，具体问项如表 4-5 所示。

表 4-5 消费者行为意愿量表

变量	问项	参考文献
消费者购买意愿	Q12 我在做出购买决策时，通过小红书网络口碑获得了很大帮助	毕继东（2009a）
	Q13 小红书的网络口碑提供了一些关于该产品不同的看法	
	Q14 通过小红书网络口碑，使我对该产品的看法发生了改变	
	Q15 小红书的网络口碑影响我购买该产品	
消费者再传播意愿	Q16 如果知道朋友想选择这种类型的产品，我一定会把自己通过小红书得到的口碑信息及时告诉他	
	Q17 在合适的网络平台，我会把小红书中的口碑信息粘贴上去	

续表

变量	问项	参考文献
消费者再传播意愿	Q18 我会把该信息告诉朋友，以寻求他们的建议	毕继东（2009a）
	Q19 在与朋友交谈时，只要提到了某种产品，我一定会及时向他传播小红书口碑信息	
	Q20 我会在其他消费者沟通网站留言，以这种形式传播口碑信息	

6. 产品涉入度

本问卷参考了 Zaichkowsky（1985）和王淑曼（2019）对产品涉入度的研究量表，通过口碑产品对消费者自身是否重要、口碑产品对消费者是否有意义、口碑产品对消费者是否必要、口碑产品对消费者是否有吸引力、口碑产品是否有趣、口碑产品对小红书用户是否有价值、口碑产品是否与消费者相关，以及口碑产品对消费者的吸引力，这 8 个问项对产品涉入度进行测量。问项使用 Likert-7 量表进行测量，具体问项如表 4-6 所示。

表 4-6　产品涉入度测量量表

变量	问项	参考来源
涉入度	Q21 我认为小红书口碑产品对我来说是重要的	Zaichkowsky（1985）；王淑曼（2019）
	Q22 我认为小红书口碑产品对我来说很有意义	
	Q23 我认为小红书口碑产品对我来说是必要的	
	Q24 小红书口碑产品对我来说是有吸引力的	
	Q25 对我来说小红书口碑产品是有趣的	
	Q26 小红书口碑产品对我来说是有价值的	
	Q27 小红书口碑产品与我是相关的	
	Q28 当提到小红书口碑产品时，我会想进一步了解	

本问卷共使用 3 个网站关系强度问项、3 个网站同质性问项、5 个信源可信度问项、9 个消费者行为意愿问项，以及 8 个产品涉入度问项，具体总结如表 4-7 所示。

表 4-7 测量量表总结

变量	问项数量	参考来源
网站关系强度	3	Kim et al.（2018）
网站同质性	3	Kim et al.（2018）
信源可信度	5	Ohanian（1990）；Kim et al.（2018）
消费者行为意愿	9	Brown et al.（2007）；毕继东（2009a）
产品涉入度	8	Zaichkowsky（1985）；王淑曼（2019）

第三节 前测的实施及结果

初步编制问卷之后进行前测，目的是判明问卷中相关变量设定是否合理，对不合理的部分进行剔除或修改。在对测量项目进行评估时，主要选择了两个指标，即信度、效度。

一、前测数据的收集

前测主要是探索性研究（调研时间：2019 年 10 月—11 月），用以检测测量量表的可靠性与有效性，发现可能出现的问题。

初步设计问卷之后，笔者先在少数样本中进行了前测，此举是为了检验问卷是否完善，及时识别欠缺之处并进行修改。一般情况下，这一环节应该将样本数量控制在 25—150 人，在选择样本时不需要采用严格的统计抽样形式，可以根据具体情况确定样本，突出便捷性。

对于预调查数据，本次研究在问卷调研平台问卷星上发布并收集问卷。由于量表的效度分析需要样本量在100份以上，且满足至少5倍于观测变量的样本量。本预调研样本电子问卷针对大学生发放近100份，并建议对方让自己的亲朋好友参与答题，最终回收有效问卷150份。在对量表中各个题项进行效度与信度分析时，先采用探索性因子分析法（Exploratory Factor Analysis，EFA）对效度进行了测评，将一些没有价值的题项予以删除。然后通过测量剩余项目的Cronbach's α值来评估信度（毕继东，2009a）。小样本调研情况如表4-8所示，其中N代表样本数。

表4-8 小样本调查情况（N=98）

统计学变量		频率	百分比
性别	男	74	75.5%
	女	24	24.5%
年龄段	1	32	32.7%
	2	20	20.4%
	3	9	9.2%
	4	28	28.6%
	5	9	9.2%
教育水平	1	5	5.1%
	2	4	4.1%
	3	14	14.3%
	4	21	21.4%
	5	54	55.1%
近期平均每天花多少时间上网	1	27	27.6%
	2	19	19.4%
	3	18	18.4%
	4	16	16.3%
	5	18	18.4%

续表

统计学变量		频率	百分比
使用互联网的时间	1	12	12.2%
	2	7	7.1%
	3	6	6.1%
	4	5	5.1%
	5	1	1.0%
	6	16	16.3%
	7	5	5.1%
	8	4	4.1%
	9	4	4.1%
	10	6	6.1%
	11	1	1.0%
	12	5	5.1%
	13	26	26.5%

二、前测结果的评价标准

1. 量表信度的评价方法

信度是指运用某一量表之后能得到稳定性较强的测量结果，即使反复测量或更换样本也不会出现较大的偏差。信度包括3种类型，即复本信度、内部一致性信度、重测信度。在对量表信度进行评价时，要同时关注内在信度与外在信度。内在信度评价的目的就是检验量表中的内容是否保持一致，即量表中的题项是否属于同一个概念，多数学者采用 Cronbach's α 系数进行评价；外部信度评价是为了判断在不同时间段内采用同一份量表进行测量之后能否得到同样的结论，多数学者采用重测信度系数进行评价。

对于信度的评价标准，学者们说法不一。有些学者将信度临界值即 Cronbach's α 系数确定为 0.7，超过这一标准就意味着问卷的信度比较高，当 Cronbach's α 系数超过 0.9，则意味着量表拥有较高的内在信度，当这一系数低于 0.7，表明量表不合理，存在一定的问题，应该重新设计。有些学者制定的标准较为宽松，若 Cronbach's α 系数超过 0.7，量表的信度就比较高；若处于 0.35—0.7，则表示信度尚可；若低于 0.35，则表明量表信度比较低。

本书采用的测量量表是 Likert-7，在对量表信度进行评价时，选择了 Cronbach's α 系数作为信度评估的重要依据。

2. 测量效度的评价方法

对问卷进行效度测量是为了判断运用该量表能否实现既定的调查目标。在对效度进行评价时，要重点关注内容效度、结构效度两大指标。

在有些情况下，即使一份量表信度比较高，也无法保证其效度符合要求。效度是指运用这份量表进行测量之后得到的结果是比较可靠、准确的。量表的效度高，意味着测量结果能反映某种事物的特征。社会科学领域在对量表效度进行分析时，通常会采用 3 种方式。

第一种是内容效度，有些学者将其称为逻辑效度、表面效度，是指量表中的题项能描述被测量概念的所有特征，体现出量表内容与被测量概念之间的匹配程度。在对内容效度进行分析时，一般不会采用统计计算法，而是以专家判断、深度访谈、借鉴其他学者的研究成果等方式进行。本次研究所采用的测量项目借鉴了其他学者的研究成果。初步编制问卷之后，通过电子邮件的形式请专家、教授等对问卷设计提出建议并进行了修改，内容效度比较高。

第二种是结构效度，是指问卷中设计的题项能否体现出所测量的理论概念的特征。主要选择两大指标作为评价依据。一是收敛效度，用于判断某变量在不同题项中是否能保持一致，进而识别无价值的题项并将其剔除。

通常而言，如果题项所属因子负荷量超过0.5，就表明其收敛效度符合要求。二是区分效度，是指多个研究变量之间存在何种程度的差异。在对区分效度进行评价时，绝大多数的学者会运用探索性因子分析法测算各个项目的因子负荷。

第三种是准则效度。本次研究未采用这种分析方式，本书不再赘述。

在对预期量表的结构效度进行评价时，笔者运用了EFA法，提前并不了解哪些因素会对被测量概念产生影响，只是利用文献资料和统计软件进行分析，进而找出对原有观测变量产生影响的因子，探明其与观测变量之间存在什么样的关系。这种分析方法尤其适用于分析变量的内部结构，根据分析结果对量表进行调整，将一些负荷系数较低的变量予以剔除，以此来提高量表的效度与信度。在运用这种方法时，以主成分分析解释总方差分析为主，通过提取特征根大于1的公因子，对量表结构进行检验。

笔者先对各个变量的相关性进行分析，判断这些变量是否符合因子分析的要求。在这一环节中，主要采用了两种方法，即KMO（Kaiser-Meyer-Olkin）样本测度、Bartlett球体检验。经过测量之后，KMO值接近1且低于0.5，意味着该变量符合做因子分析的要求；Bartlett球体值的显著性概率不足0.05，表明该变量具备做因子分析的条件。

在此基础之上，再进行主成分分析，提取一些特征值超过1的因子，进行了Varimax旋转。在对量表中的项目进行结构效度评价时，要注意如下四点：1）如果一个因子只有一个测量项目，应该将其剔除；2）如果量表中的某个题项所属因子载荷超过0.5，意味着该题荐的收敛效度较好；3）如果测量项目在所属因子的载荷接近1，在另外几个因子的载荷接近0，就意味着该项目的区分效度符合要求（陈蓓蕾，2008）；4）如果某一测量项目同时在两个因子中的载荷均超过了0.5，就属于横跨因子现象，要将其剔除。效度分析还有一些指标，整理如表4-9所示。

表 4-9　效度评价指标表[①]

术语	说明
特征根值（旋转前）	判断因子个数，大于 1 为默认标准，可自行设置因子个数
方差解释率 %（旋转前）	因子提取信息量，表明这一因子在所有分项信息量表中所占的比例
累计方差解释率 %（旋转前）	将所有方差解释率相加之后得到的和
特征根值（旋转后）	旋转后的特征根，除判断因子个数，其余情况均使用旋转后的特征根值
方差解释率 %（旋转后）	某因子可提取所有分析项的信息比例，一般使用旋转后的方差解释率
累计方差解释率 %（旋转后）	旋转后的方差解释率的累加
KMO 值	判断多大程度上适合进行探索性因子分析，通常要高于 0.6
Bartlett 球体值	判断是否合适进行探索性因子分析，对应 p 值 < 0.05
DF	自由度（Degree of Freedom）
P 值	Bartlett 球体检验对应 P 值，小于 0.05 说明具有效度
因子载荷系数	表示因子与分析项之间的关系程度，如果某分析项对应的多个因子载荷系数绝对值均低于 0.4，则需要考虑删除该项。为了保证有良好的收敛效度，因子载荷建议大于 0.5
共同度	某题项被提取的信息，共同度为 0.6 说明，60% 的信息被提取，通常以 0.4 作为标准

---

① 引自 The SPSSAU project（2019），SPSSAU（Version 20.0）[Online Application Software]，Retrieved from https://www.spssau.com。

三、前测结果评价

1. 信度检验

本次研究对网站关系强度、网站同质性、信源可信度、消费者行为意愿、产品涉入度这 5 个变量进行信度分析,运用 Cronbach's α 系数来检验量表内部信度。在本次研究中,对 Cronbach's α 系数标准进行如下规定:如果此值高于 0.8,则说明信度高;如果保持在 0.7—0.8,意味着信度比较好;处于 0.6—0.7,表明这种信度可以接受;低于 0.6,表明信度不合乎要求。现以表 4-10 的形式对本次研究的信度检验结果加以描述。从表 4-10 中的数据了解到,本量表中所有变量的 Cronbach's α 值都超过了 0.9。参照这一标准,5 个变量的测量问项均具有较高的信度。

表 4-10 变量的信度评价

变量	问项数	Cronbach's α 值
网站关系强度	3	0.913
网站同质性	3	0.909
信源可信度	5	0.933
消费者行为意愿	14	0.948
产品涉入度	8	0.970

如表 4-10 所示,网站关系强度、网站同质性、信源可信度、消费者行为意愿、产品涉入度的 Cronbach's α 值依次为 0.913、0.909、0.933、0.948、0.970。根据上述信度评估标准,5 个变量的测量问项均具有较高的信度,这意味着量表具有较高的一致性与可信度,完全符合课题研究要求。

第四章　研究设计及数据收集

本次研究采用SPSS23.0统计分析软件进行小样本测试。合成信度检验部分采用项目删除时的Cronbach's α值和Cronbach's α系数作为检验指标。如果删除此题项后Cronbach's α系数明显增大，则删除该题项。各个题项的CITC（Corrected Item-Total Correlation，校正项总计相关性）值超过了0.5，如果这一指标低于0.5，则意味着量表中各个题项的相关关系不好，信度水平低。

在对量表维度进行评价时，确定了这样的标准：如果显著性水平不足0.01，而KMO值超过0.7，则应该运用主成分分析法来提取因子，以此来确定各个变量的维度。

（1）网站关系强度的测量

在确定考量指标时，选择了网站关系强度一项，共包括3个题目，其项目删除后的Cronbach's α值以及整体Cronbach's α系数如表4-11所示。根据测量结果，Cronbach's α系数为0.913，大于判断标准要求的0.7，删除该项后Cronbach's α系数没有明显提升，说明所有题项应该保留，这意味着量表具有较高的信度。经过修正之后，各个变量的CITC值超过了0.5，意味着各个题项之间的相关关系合乎要求。网站关系强度各题项符合标准，量表信度良好，所有题项都应该保留。

表4-11　网站关系强度信度分析

题目内容	经过修正之后项目及总计相关性	将该项目剔除之后的Cronbach's α系数	整体Cronbach's α系数
Q1 请问您大约多久使用一次小红书？	0.778	0.916	0.913
Q2 请问小红书对您的重要程度？	0.823	0.876	
Q3 请问小红书与您的密切程度？	0.878	0.831	

通过表4-12中的数据能了解本量表的KMO和Bartlett球体检验情况，KMO值为0.728，p值低于0.01，这意味着这些变量中具有相关因子，符合因子分析的要求。

表4-12　KMO和Bartlett球体检验

KMO		0.728
Bartlett球体检验	近似卡方	326.736
	自由度	3
	显著性	0

经过主成分分析及以方差最大化旋转矩阵提取公因子，只提取一个因子，得到了85.354%的累计方差贡献率，特征值达到了2.561，这意味着本量表的维度符合要求。维度分析如表4-13所示。

表4-13　总方差解释

组件	初始特征值			提取载荷平方和		
	总计	方差百分比	累计（%）	总计	方差百分比	累计（%）
1	2.561	85.354	85.354	2.561	85.354	85.354
2	0.296	9.875	95.228			
3	0.143	4.772	100.000			

（2）网站同质性的测量

网站同质性作为衡量指标，共有3个题项，其项目删除后的Cronbach's α值以及整体Cronbach's α系数如表4-14所示。根据标准，所有题项之间相关关系良好，且量表信度良好，没有需要删除的题项。

表 4-14 信度分析

题目内容	经过修正之后项目及总计相关性	将该项目剔除之后的 Cronbach's α 系数	整体 Cronbach's α 系数
Q4 小红书的利益与我个人的利益不一致	0.762	0.918	0.909
Q5 小红书的利益与我个人的利益很不相似	0.874	0.823	
Q6 小红书的利益与我个人的利益很不一样	0.822	0.866	

KMO 和 Bartlett 球体检验结果如表 4-15 显示，KMO 值为 0.722，p 值低于 0.01，这意味着这些变量中具有相关因子，符合因子分析的要求。

表 4-15 KMO 和 Bartlett 球体检验

KMO		0.722
Bartlett 球体检验	近似卡方	319.711
	自由度	3
	显著性	0

经过主成分分析及以方差最大化旋转矩阵提取公因子，只提取一个因子，得到了 84.777% 的累计方差贡献率，特征值达到了 2.543，这意味着本量表的维度符合要求。维度分析如表 4-16 所示。

表 4-16 总方差解释

组件	初始特征值			提取载荷平方和		
	总计	方差百分比	累计（%）	总计	方差百分比	累计（%）
1	2.543	84.777	84.777	2.543	84.777	84.777
2	0.314	10.470	95.248			
3	0.143	4.752	100.000			

(3) 信源可信度的测量

信源可信度作为衡量指标，共有 5 个题项，其项目删除后的 Cronbach's α 值以及整体 Cronbach's α 系数如表 4-17 所示。根据标准，量表信度良好，且没有需要删除的题项。

表 4-17　信源可信度信度分析

题目内容	经过修正之后项目及总计相关性	将该项目剔除之后的 Cronbach's α 系数	整体 Cronbach's α 系数
Q7 来自小红书的信息是不诚实的	0.760	0.636	0.933
Q8 来自小红书的信息是不值得信任的	0.846	0.736	
Q9 来自小红书的信息是没有经验的	0.765	0.604	
Q10 来自小红书的信息是没有知识含量的	0.891	0.884	
Q11 来自小红书的信息是不合格的	0.866	0.870	

在此以表 4-18 的形式来描述两项检验结果，KMO 值为 0.844，p 值低于 0.01，这意味着这些变量中具有相关因子，符合因子分析的要求。

表 4-18　KMO 和 Bartlett 球体检验

KMO		0.844
Bartlett 球体检验	近似卡方	716.599
	自由度	10
	显著性	0

经过主成分分析及以方差最大化旋转矩阵提取公因子，只提取一个因子，得到了 79.536% 的累计方差贡献率，特征值达到了 3.977，这意味着本量表的维度符合要求。维度分析如表 4-19 所示。

表4-19 总方差解释

组件	初始特征值			提取载荷平方和		
	总计	方差百分比	累计（%）	总计	方差百分比	累计（%）
1	3.977	79.536	79.536	3.977	79.536	79.536
2	0.433	8.667	88.203			
3	0.325	6.507	94.711			
4	0.196	3.924	98.635			
5	0.068	1.365	100			

（4）消费者行为意愿的测量

消费者行为意愿作为衡量指标，共有 9 个题项，其项目删除后的 Cronbach's α 值以及整体 Cronbach's α 系数如表 4-20 所示。根据标准，量表信度良好，且没有需要删除的题项。

表4-20 消费者行为意愿信度分析

题目内容	经过修正之后项目及总计相关性	将该项目剔除之后的 Cronbach's α 系数	整体 Cronbach's α 系数
Q12 我在做出购买决策时，通过小红书网络口碑获得了很大帮助	0.835	0.940	0.948
Q13 小红书的网络口碑提供了一些关于该产品不同的看法	0.816	0.941	

续表

题目内容	经过修正之后项目及总计相关性	将该项目剔除之后的 Cronbach's α 系数	整体 Cronbach's α 系数
Q14 通过小红书网络口碑，使我对该产品的看法发生了改变	0.814	0.941	0.948
Q15 小红书的网络口碑影响我购买该产品	0.710	0.946	
Q16 如果知道朋友想选择这种类型的产品，我一定会把自己通过小红书得到的口碑信息及时告诉他	0.857	0.938	
Q17 在合适的网络平台，我会把小红书中的口碑信息粘贴上去	0.775	0.943	
Q18 我会把该信息告诉朋友，以寻求他们的建议	0.728	0.945	
Q19 在与朋友交谈时，只要提到了某种产品，我一定会及时向他传播小红书口碑信息	0.836	0.940	
Q20 我会在其他消费者沟通网站留言，以这种形式传播口碑信息	0.788	0.942	

在此以表 4-21 的形式来描述两项检验结果，KMO 值为 0.770，p 值低于 0.01，这意味着这些变量中具有相关因子，符合因子分析的要求。

表 4-21 KMO 和 Bartlett 球体检验

KMO		0.770
Bartlett 球体检验	近似卡方	1158.320
	自由度	36
	显著性	0

经过主成分分析及以方差最大化旋转矩阵提取公因子，只提取一个因子，得到了 70.855% 的累计方差贡献率，特征值达到了 6.377，这意味着本量表的维度符合要求。维度分析如表 4-22 所示。

表 4-22　总方差解释

成分	初始特征值			提取载荷平方和		
	总计	方差百分比	累计（%）	总计	方差百分比	累计（%）
1	6.377	70.855	70.855	6.377	70.855	70.855
2	0.54	5.999	76.854			
3	0.488	5.426	82.28			
4	0.441	4.905	87.185			
5	0.404	4.485	91.67			
6	0.243	2.695	94.365			
7	0.2	2.222	96.587			
8	0.158	1.752	98.339			
9	0.149	1.661	100			

（5）产品涉入度的测量

产品涉入度作为衡量指标，共有 8 个题项，其项目删除后的 Cronbach's α 值以及整体 Cronbach's α 系数如表 4-23 所示。根据标准，所有题项之间相关关系良好，且删除项后 Cronbach's α 系数没有明显提升，所以量表信度良好，所有题项都应该保留。

表 4-23 产品涉入度信度分析

题目内容	经过修正之后项目及总计相关性	将该项目剔除之后的 Cronbach's α系数	整体 Cronbach's α系数
Q21 我认为小红书口碑产品对我来说是重要的	0.881	0.965	0.970
Q22 我认为小红书口碑产品对我来说很有意义	0.824	0.968	
Q23 我认为小红书口碑产品对我来说是必要的	0.876	0.965	
Q24 小红书口碑产品对我来说是有吸引力的	0.901	0.964	
Q25 对我来说小红书口碑产品是有趣的	0.889	0.965	
Q26 小红书口碑产品对我来说是有价值的	0.873	0.966	
Q27 小红书口碑产品与我是相关的	0.887	0.965	
Q28 当提到小红书口碑产品时，我会想进一步了解	0.903	0.964	

KMO 和 Bartlett 球体检验结果如表 4-24 所示，KMO 值为 0.940，p 值不足 0.001，这意味着这些变量中具有相关因子，符合因子分析的要求。

表 4-24 KMO 和 Bartlett 球体检验

KMO		0.940
Bartlett 球体检验	近似卡方	1465.536
	自由度	28
	显著性	0

经过主成分分析及以方差最大化旋转矩阵提取公因子，只提取一个因子，得到了 82.578% 的累计方差贡献率，特征值达到了 6.606，这意味着本量表的维度符合要求。现以表 4-25 的形式对结果维度分析情况加以介绍。测量量表结构比较稳定。

表 4-25　总方差解释

组件	初始特征值			提取载荷平方和		
	总计	方差百分比	累计（%）	总计	方差百分比	累计（%）
1	6.606	82.578	82.578	6.606	82.578	82.578
2	0.375	4.689	87.268			
3	0.245	3.059	90.327			
4	0.236	2.946	93.273			
5	0.186	2.330	95.603			
6	0.132	1.647	97.250			
7	0.118	1.481	98.731			
8	0.102	1.269	100.000			

以上参考量表参考了毕继东对于消费者行为意愿的测量量表。毕继东参考前人研究以及扎根研究，将消费者行为意愿确定为消费者购买意愿和消费者口碑再传播意愿两个维度。本次针对消费者行为意愿的信度检验仅取得一个因子，并未区分出两个维度。综上，本次研究将消费者行为意愿作为一维变量进行测量。

2. 效度检验

笔者在量表前测环节运用了探索性因子分析法对其效度进行了评价分析。采用这种方法时需要测算出一系列指标。一是因子负荷，即各个因子的系数值。在创建因子分析模型时，这是一个关键的统计量，像枢纽一样将公因子与观测变量连接到一起。该项指标用于描述这一因子与其他各个测量变量之间存在什么样的联系。因子负荷的绝对值高，就意味着这一因子对其他变量会产生较大的影响。二是公因子方差，即公因子在观测变量方差中所占的比例，即在变量方差中可以用公因子来做出解释的部分。公因子方差高，表明能用因子对变量加以解释。在主成分分析过程中，特征值是一项重要的指标，意味着运用这一因子或实施主成分分析之后，能对几个变量做出合理解释。

因子分析分四步完成：首先根据具体问题来分析是否应该运用因子分析法；然后提取因子，既要把握住因子的数量，也要选择合适的求因子解的方法；接着进行因子旋转，即通过变换坐标的形式来解释因子解的意义；最后求出因子值。

进行因子分析是为了使数据得以简化，进一步明确数据结构，先要对各个变量之间是否存在相关关系进行分析，这是进行因子分析的先决条件。如果各个变量之间并不存在较强的相关性，就无法共享因子。

为了观测每一种数据是否符合因子分析的条件，SPSS软件设置了几个重要的统计量。通常情况下，多数学者会进行KMO样本测度、Bartlett球体检验。前一项测试是为了明确观测变量之间的关系，确定偏相关系数，KMO值处于0—1。如果这一值比较低，则不能选择这一观测量进行因子分析。一般而言，要想进行因子分析，KMO值要超过0.9，低于0.5则不能接受，达到0.7为一般，达到0.8则为较好。后一项检验是为了把握住矩阵的整体统计量，如果得到的值较为显著，则表明适合做因子分析。

本次研究主要进行了两项因子分析，具体如下。

（1）自变量因子分析

表4-26和表4-27展示了自变量和调节变量的因子分析结果，KMO值为0.905，大于0.6的标准，经过Bartlett球体检验之后，得到了3243.073的球体值，p值不足0.05，这意味着自变量因子符合进行因子分析的要求。

表 4-26　KMO 和 Bartlett 球体检验

KMO 取样适切性量数		0.905
Bartlett 球体检验	近似卡方	3243.073
	自由度	171
	显著性	0

在进行主成分分析后，获得公共因子方差提取值均大于 0.5，提取的因子数量为 4 个。经过旋转之后，累计方差解释率达到了 83.385%，表明通过这些题项能有效提取需要的信息。所有因子的载荷系数都超过了 0.7，意味着每一个题项与因子之间都形成了明显的对应关系，因此具有较好的区分效度。

表 4-27　自变量和调节变量旋转后的成分矩阵

变量	成分			
	1	2	3	4
网站关系强度 1	0.423	0.093	0.153	0.761
网站关系强度 2	0.425	0.171	0.134	0.784
网站关系强度 3	0.392	0.224	0.151	0.832
网站同质性 1	0.341	0.253	0.757	0.250
网站同质性 2	0.203	0.082	0.923	0.105
网站同质性 3	0.251	0.027	0.900	0.068
信源可信度 1	0.210	0.789	0.158	0.168
信源可信度 2	0.139	0.876	0.087	0.201
信源可信度 3	0.158	0.842	0.056	0.060
信源可信度 4	0.281	0.888	0.048	0.066
信源可信度 5	0.310	0.862	0.070	0.071
产品涉入度 1	0.805	0.247	0.247	0.246

续表

变量	成分			
	1	2	3	4
产品涉入度2	0.755	0.298	0.092	0.295
产品涉入度3	0.804	0.236	0.128	0.326
产品涉入度4	0.826	0.197	0.242	0.287
产品涉入度5	0.820	0.239	0.310	0.180
产品涉入度6	0.825	0.236	0.232	0.201
产品涉入度7	0.821	0.189	0.180	0.309
产品涉入度8	0.858	0.215	0.192	0.218
累计方差解释率 83.385%				

注：1. 本研究运用主成分分析法提取因子。
2. 在对因子进行旋转时运用了凯撒正太化最大方差法。
3. Cronbach's α旋转在5次迭代后已收敛。

（2）因变量因子分析

从表4-28和表4-29中了解到，对因变量进行因子分析之后，KMO值为0.922，明显超过了0.7，可以接受。与此同时，Bartlett球体检验球体值为1158.320，p值不足0.05，足以表明符合因子分析的条件。

在进行主成分分析后，共提取出1个因子，累计方差解释率达到了70.855%，提取的公因子方差值超过了0.5，因子载荷系数超过了0.7，这意味着量表的区分效度合乎要求。

表4-28 KMO和Bartlett球体检验

KMO取样适切性量数		0.922
Bartlett球体检验	近似卡方	1158.320
	自由度	36
	显著性	0

表 4-29　因变量的成分矩阵

变量	成分 1	公因子方差提取
购买意愿 1	0.872	0.761
购买意愿 2	0.859	0.738
购买意愿 3	0.855	0.731
购买意愿 4	0.767	0.589
再传播意愿 1	0.893	0.797
再传播意愿 2	0.825	0.680
再传播意愿 3	0.786	0.617
再传播意愿 4	0.875	0.766
再传播意愿 5	0.835	0.697
累计方差解释率　70.855%		

为确保量表的效度和信度，初始问卷的所有题项均采用国内外学者已经使用过的成熟量表。为了使量表得以优化，采用半结构化访谈。小样本调查数据较为合理，测试结果表明初始问卷设置具有一定的可靠性，根据小样本问卷数据分析及专家意见，笔者对初始问卷内容进行了调整和修改。最终通过探索性因子分析提取了 5 个变量，其中包括网站关系强度、网站同质性等，所有测量问项的因子载荷均超过了 0.5，所属因子、其他因子载荷分别接近 1 和 0，这意味着本量表的区分效度达到了相关标准。

根据量表信效度检验，本次研究对消费者行为意愿的量表检验仅获得 1 个因子，即关于消费者行为意愿的 9 个题项仅测出一个维度，以往学者对于消费者行为意愿的研究有作为一维变量进行研究的，即将消费者的购买、再购买、传播等行为归纳为消费者行为意愿单维度进行测量；也有作为二维变量进行研究的，例如毕继东在对消费者行为意愿进行测量时，重点关注了购买意愿、再传播意愿两个方面。

四、前测小结

在对前测问卷各个量表的信度与效度进行检验时，运用了 SPSS23.0 统计分析软件，按正确的步骤进行分析之后，得到了以下分析结果。

信度分析显示了前测量表信度比较高，完全符合研究要求，所有变量的 Cronbach's α 值都超过了 0.9。对两组因子进行分析后，每个变量的 KMO 值都达到了 0.7 的可接受标准，Bartlett 球体检验值全部为 0，明显低于 0.05。这意味着这组数据符合因子分析的要求。运用因子分析法获得了 5 个因子，包括关系强度、网站同质性、信源可信度、消费者行为意愿、产品涉入度等。

通过前测，本次研究获得证实问卷量表题项整理如表 4-30 所示。

表 4-30　问卷题项汇总表

变量	序号	题项
网站关系强度	1	请问您大约多久使用一次小红书？
	2	请问小红书对您的重要程度？
	3	请问小红书与您的密切程度？
网站同质性	4	小红书的利益与我个人的利益不一致
	5	小红书的利益与我个人的利益很不相似
	6	小红书的利益与我个人的利益很不一样
信源可信度	7	来自小红书的信息（口碑）是不诚实的
	8	来自小红书的信息（口碑）是不值得信任的
	9	来自小红书的信息（口碑）是没有经验的
	10	来自小红书的信息（口碑）是没有知识含量的
	11	来自小红书的信息（口碑）是不合格的

续表

变量	序号	题项
消费者行为意愿	12	我在做出购买决策时，通过小红书网络口碑获得了很大帮助
	13	小红书的网络口碑提供了一些关于该产品不同的看法
	14	通过小红书网络口碑，使我对该产品的看法发生了改变
	15	小红书的网络口碑影响我购买该产品
	16	如果知道朋友想选择这种类型的产品，我一定会把自己通过小红书得到的口碑信息及时告诉他
	17	在合适的网络平台，我会把小红书中的口碑信息粘贴上去
	18	我会把该信息告诉朋友，以寻求他们的建议
	19	在与朋友交谈时，只要提到了某种产品，我一定会及时向他传播小红书口碑信息
	20	我会在其他消费者沟通网站留言，以这种形式传播口碑信息
产品涉入度	21	我认为小红书口碑产品对我来说是重要的
	22	我认为小红书口碑产品对我来说很有意义
	23	我认为小红书口碑产品对我来说是必要的
	24	小红书口碑产品对我来说是有吸引力的
	25	对我来说小红书口碑产品是有趣的
	26	小红书口碑产品对我来说是有价值的
	27	小红书口碑产品与我是相关的
	28	当提到小红书口碑产品时，我会想进一步了解

第四节　正式调研数据收集及调研方法

本节介绍如何选择样本对象、怎样确定样本数量、以何种方式收集研究数据，并对数据进行梳理。

一、正式调研数据收集

在正式调研过程中，以网络问卷的形式发放、回收问卷。首先在问卷星上设置问卷，然后在问卷星内填入问卷需求，并由问卷星平台进行问卷回收。笔者采取多次、分时段收取的方式，进行了问卷回收。

本次研究主要针对社交电商用户的网络口碑，对调查对象在职业、性别上虽然没有限定，但为了在描述性统计中更好地看出受访者特征，在问卷中进行了询问。调查前首先询问被调查者是否知道小红书，以及是否使用过小红书。以此来规避不实回答和无效问卷。

本次调查时间为12月1日—15日。回收网络电子问卷723份，其中有效问卷688份，有效率约为95.2%。对无效问卷的删除主要因为受访者答题不认真或答题时间过短。为保证问卷的准确性，问卷针对同质性的相关问项进行了反向题项设置，对信源可信度的相关问项设置了反向题和反向回答。

二、数据分析方法

本次研究首先对预调查数据进行整理、转换，对问卷的信度、效度进行测量，结合测量结果对问卷进行修改，然后进行正式调研。在正式调研中使用SPSS23.0统计软件与SPSSAU在线分析工具，主要运用了如下4种统计分析方法。

1. 描述性统计

描述性统计是社会调查统计分析的第一步，对各种类型的描述性统计量进行分析，以数据的形式来描述统计量，涉及百分比、平均数等。通过单因素分析法，从整体上对获得的数据资料进行概括、梳理，进而揭示数据资料存在的规律。

本次研究所开展的描述性统计主要针对人口统计学变量和主要的核心变量。先用描述性统计分析频率对受访者的 7 个人口统计学变量进行分析，包括从事的职业、文化层次、年龄、网龄等，通过汇总和比较各变量的频次及百分比，了解受访者的基本信息和其网络使用情况。然后，描述网站关系强度、网站同质性、信源可信度、消费者行为意愿等与核心变量有关的测量题项的统计特征。在描述变量离散程度时，主要采用了标准差与平均值两项指标，旨在初步把握样本数据之间形成的规律，进一步明确样本结构。

2. 信度和效度分析

（1）信度分析

为了进一步明确本次研究所使用的量表是否可靠、合理，开展信度分析。通过信度分析能检验量表是否具有较强的稳定性、一致性。信度不是一个绝对的概念，是效度的先决条件，效度高度取决于信度高度。Cronbach's α 系数法常被用于检验尺度的测试量表，本量表引用 Likert-7 量表进行测量，为了判断量表是否具有良好的内部一致性，运用了 Cronbach's α 系数信度检验方法，对各变量题项相互关联的内部一致性进行检测。

利用 Cronbach's α 系数对测量量表内部的一致性进行描述，数值比较高，就证明通过这份量表能获得可靠的结果。吴明隆对 Cronbach's α 系数值提出了检验标准，$α ≥ 0.8$ 表示可靠性相当好，$0.7 ≤ α < 0.8$ 表示可靠性可以接受，$0.6 ≤ α < 0.7$ 意味着量表的可靠性可以接受，$α < 0.6$ 表明量表信度不符合要求，需要再次设计。李怀祖认为 Cronbach's α 系数大于 0.7 则可以认为数据通过内部一致性检验。

（2）效度分析

为了了解调查问卷量表的有效性，检验调研的结果是否能够验证或解释某一理论的假设或构想，以及可解释的程度如何，要对问卷数据的有效性进行分析，即效度分析。Zikmimd 明确表示，准确而全面地描述被考察变量的属性与内容，前提是要选择合理的测量工具、采用有效的测量手段。杜智敏认为，效度分析主要包括两项内容。一是内容效度，能体现量表中题项的范畴，在对内容效度进行评估时，主要采用理论分析、专家访谈等方式。二是结构效度，就是通过测量结果来表现测量值与某种结构之间的匹配程度。在对结构效度进行评估时，因子分析是最常用的方法。需要引起重视的是，先要明确量表实际测量的是哪些方面的特征。在具体操作过程中，研究者要先弄清"量表为什么有效"这一问题，并通过这一问题展开推论。结构效度包括三方面的内容，即语意效度、同质效度、异质效度。

  在分析效度时，可供选择的方法比较多，多数学者主张采用因子分析法。因子分析最主要的功能就是从量表中的所有题项中提取一定数量的公因子，每个公因子都有着与之相对应的变量，能体现出量表的基本结构。运用这种方法能检验通过这份量表所得到的测量结果是否与研究者提出的假设结构保持一致。经过因子分析之后，借助于因子负荷、共同度、累计贡献率3项指标能体现出问卷的结构效度是否合乎要求。因子负荷能体现公因子与原变量是否具有一定的关联度；共同度能体现公因子能否对原变量做出合理解释；累计贡献率能体现量表的累计有效程度。

  为了探明量表结构效度是否符合要求，笔者运用了验证性因子分析法。这种方法最突出的特征就是能检验测试因子与预测潜变量之间所形成的理论关系是否符合研究目标，即能否借助这些因子来体现潜变量的特征。验证性因子分析提前已经弄清了基本因子结构，进行统计分析的目的就是检验前期获得的数据与因子结构是否相符，以此来检验因子模型是否能将实际数据拟合到一起。

  本次研究在进行效度检测时，运用了多项指标，观测潜变量是否与因子有显著荷载，以及模型的拟合度是否可接受。根据平均提取方差值、标准荷载系数等指标进行分析，运用SPSSAU完成验证性因子分析。

3. 相关性分析

相关性分析的主要意图就是探明各个变量之间是否存在统计学上的相关关系。

相关性分析适用于两个或以上形成了一定相关性的变量，是一种常用的分析方法，可以探明这些变量之间存在着何种程度的相关性。吴明隆表示，如果自变量之间的相关系数超过了0.7，则意味着彼此之间有多重共线性的可能。在他看来，对自变量进行相关分析是回归分析的起点，此举的目的是避免出现多重共线性问题。因此，笔者在进行层级回归之前对各个变量和各个维度进行了相关分析，对相关系数加以检验，进而确定变量之间是否存在共线性。本次研究为了确定各个变量之间存在着怎样的相关关系，选择了SPSS23.0软件和皮尔森（Pearson）相关系数法。

4. 回归分析

相关性分析只能说明变量和变量之间关系的密切程度，并不能表示两者的关系具有方向性。具有方向性关系的检验须用回归分析统计方法。

回归分析是统计学中一种常用的方法，通过统计分析弄清两个或多个变量之间存在着怎样的定量关系。根据涉及的变量数量，可以将回归分析划分为两种类型，即一元回归分析、多元回归分析。如果以因变量转数为标准，可以将其分为多重回归分析、简单回归分析。如果以自变量与因变量之间的关系为标准，可以分为线性回归分析、非线性回归分析。

在大数据分析领域，回归分析属于一种建模技术，具有明显的预测性特征，最大的优势是能检验预测与目标之间存在怎样的关系。在进行预测分析时经常采用这种技术，能准确地发现变量与时间序列模型之间形成的因果关系。例如，可以用回归分析法探明司机违规驾驶与交通事故数量之间的关系。在回归分析过程中，重点关注回归议程的拟合优度，可供参考的指标包括估计值标准误差、标准化回归系数、决定系数R^2等。本次研究运用SPSS23.0统计分析软件，通过线性回归分析验证研究假设，并通过分层回归来进行中介效应分析和调节效应分析。

本章的研究内容主要包括如下两部分。

一是研究设计（问卷设计）部分，首先参考了其他学者的研究，对模型中的5个变量确定了测量问项。以问卷预调查的形式获得相关数据，并进行了效度与信度检测，其目的是判断量表的维度与可靠性是否符合要求，最终进行调整后形成了正式问卷。

二是数据收集及调研部分，主要包括数据的收集方式、调研过程阐述。小红书使用者是本次研究的调研对象。调研方法采取网络问卷的形式进行发放和回收。在调研中先后进行了描述性统计分析、回归分析、信度效度检测等。

第五章 数据分析及假设检验

本章对正式调研所获得的数据资料进行分析，重点关注样本概况、数据质量两项内容，以此来验明前期提出的假设是否合理。

第一节 描述性统计

一、样本人口统计的基本特征

在对模型进行检验之前，先要对问卷的控制变量进行统计分析，从整体上把握样本的个人信息。在这一过程中，笔者重点关注了样本的性别、文化层次、职业类型等指标。得到数据结果之后，与 CNNIC2019 年发布的网络发展状况统计报告进行对比分析。把这份报告当成样本对比材料，主要有三方面原因：一是这份统计报告与本次研究的时间相差不远，能较为准确地反映目前互联网的发展现状；二是报告机构权威，结论具有较高的可信度和科学性；三是调查内容和本次研究比较相符，因此可以直接对比。参与本次研究调查的被测者个人信息特征具体分布如表 5-1 所示。

表 5-1　样本人口特征统计表

控制变量	项目	频次	占比（%）	累计百分比（%）
您的性别	男	300	43.6	43.6
	女	388	56.4	100
您的年龄	19 岁以下	2	0.3	0.3
	20—29 岁	289	42	42.3
	30—39 岁	249	36.2	78.5
	40—49 岁	72	10.5	89
	50 岁及以上	76	11	100
文化程度	高中（含）以下	163	23.7	23.7
	本科	191	27.8	51.5
	硕士	178	25.9	77.4
	硕士以上	155	22.5	99.9
	其他	1	0.1	100
职业	党政机关事业单位工作者	8	1.2	1.2
	企业公司管理者	5	0.7	1.9
	学生	17	2.5	4.4
	企业公司一般职员	238	34.6	39
	自由职业者	214	31.1	70.1
	个体工商户	203	29.5	99.6
	无业待岗	1	0.1	99.7
	失业	2	0.3	100
平均月收入	500 元以下	4	0.6	0.6
	501—1000 元	6	0.9	1.5
	1001—1500 元	2	0.3	1.8
	1501—2000 元	2	0.3	2.1

续表

控制变量	项目	频次	占比（%）	累计百分比（%）
平均月收入	2001—3000 元	9	1.3	3.4
	3001—5000 元	487	70.8	74.2
	5000 元以上	178	25.9	100

通过表 5-1 可见，调研对象中有男性 300 人，女性 388 人，分别占比约 43.6% 和 56.4%；年龄方面，20—39 岁占比最多，为 78.2%；文化程度方面，本科及以上学历占比 76.2%；职业方面，企业公司一般职员 238 人占比约 34.6%，自由职业者 214 人占比约 31.1%，个体工商户 203 人占比约 29.5%；平均月收入 3001—5000 元共 487 人占比最多，约 70.8%。在整理数据时，对部分数据小数部分做进位处理。从表 5-1 中的数据可以看出，本次调研的样本人口特征分布情况较为理想。

从表 5-2 可以看出，在样本年龄结构中，20—29 岁和 30—39 岁之间的样本占了大多数，所占比例合计 78.2%，这和包含 19 岁以下，20—29 岁和 30—39 岁的 CNNIC（2019）数据较为相符。19 岁以下的网民课业负担重、学校规定严格，结合小红书社区内容的特性，且截至 2019 年 7 月，小红书的注册用户中有 70% 为"90 后"，因此样本年龄分布合理。

表 5-2 年龄分布情况

您的年龄	本研究 频次	本研究 频率（%）	CNNIC 频率（%）
19 岁以下	2	0.3	20.8
20—29 岁	289	42	24.6
30—39 岁	249	36.2	23.7
40—49 岁	72	10.5	17.3

续表

您的年龄	本研究 频次	本研究 频率（%）	CNNIC 频率（%）
50岁及以上	76	11	13.6
合计	688	100	100

从得到的数据可以看出，在有效样本之中，占比最高的是20—29岁的样本，紧随其后的是30—39岁的样本，所占比例最低的是不足19岁的样本，50岁及以上、40—49岁的样本占比不存在明显差异。结果表明，在小红书的使用者中，20—39岁的使用者是主体，这与CNNIC（2019）中18—35岁的数据相似。

表5-3中的数据描述了有效样本的性别分布情况。从中可以看出，有效样本数量为688个，性别比例不存在明显差异，男、女占比约为43.6%、56.4%，女性样本数量相对偏高。

表5-3 样本性别分布情况

您的性别	本研究 频次	本研究 频率（%）	CNNIC 频率（%）
男	300	43.6	52.4
女	388	56.4	47.6
合计	688	100	100

可以看出网络社区平台已得到普遍的认识和应用，用户没有明显的性别差异。但这一结果与CNNIC（2019）的网民性别结构相反，其结果显示男性所占比例为52.4%，女性所占比例为47.6%。考虑到本调查对象是小红书社区的使用者，该社区的内容以海外购物为主，包括个人护理、美妆等方面的内容，均是以女性网民为主要对象的内容。因此，参照整体互联网

用户的性别比例多有不妥，本样本性别分布是合理的。

从表5-4可见，样本中高学历特点非常明显。在有效样本之中，本科生、硕士生或更高学历者占比分别为27.8%、25.9%、22.5%。而表5-5所示的CNNIC（2019）报告显示，在所有网络用户之中，多数是本科及更低学历，尤其是最近几年，高学历人群占比明显下降，网络用户日益呈现平民化的特征。

表5-4 样本文化程度分布情况

文化程度	本研究	
	频次	频率（%）
高中（含）以下	163	23.7
本科	191	27.8
硕士	178	25.9
硕士以上	155	22.5
其他	1	0.1
合计	688	100

表5-5 CNNIC（2019）学历结构分布情况

学历	CNNIC（2019）
	频率（%）
小学及以下	18
初中	38.1
高中/中专/技校	23.8
大学专科	10.5
大学本科及以上	9.7
合计	100

对这种现象进行分析，可能是因为本次研究的样本是小红书的使用者，小红书的内容涉及海外旅游分享、美妆、个人护理，以及一些高知人群关注的话题。同时，这一测量结果也有可能与网络调查参与意愿相关，这一原因也应纳入考虑。

从表 5-6 中可以看出，在研究样本中，企业公司一般职员占比最高，达到了 34.6%，自由职业者次之，占比为 31.1%，个体工商户排名第三，占比为 29.5%。如表 5-7 所示，在 CNNIC（2019）提供的调查报告中，职业分布与本调查所得到的结论不符，在进行对比时只是选择了相似的部分。CNNIC（2019）的调查显示，学生和个体工商户/自由职业者共占了 46% 的比例，分别占比 26%、20%，学生占比最多。部分结果与本研究结果相似，但也存在一些差异。产生差异的原因可能是因为小红书社区的内容，深受 20—39 岁的人群喜爱，而 20—39 岁的人群大部分应为公司或企业的一般人员。

表5-6 样本职业分布情况

职业	本研究	
	频次	频率（%）
党政机关事业单位工作者	8	1.2
企业公司管理者	5	0.7
学生	17	2.5
企业公司一般职员	238	34.6
自由职业者	214	31.1
个体工商户	203	29.5
无业待岗	1	0.1
失业	2	0.3
合计	688	100

表5-7 CNNIC（2019）职业结构分布情况

职业	CNNIC（2019）频率（%）
学生	26
党政机关事业单位领导干部	0.5
党政机关事业单位一般人员	3
企业/公司高层管理人员	0.7
企业/公司中层管理人员	2.6
企业/公司一般人员	8.5
专业技术人员	5.1
商业服务业人员	5.4
制造生产性企业人员	2.8
个体工商户/自由职业者	20
农村外出务工人员	3.3
农、林、牧、渔劳动人员	8.1
离退休人员	4.3
无业待岗/失业人员	7.8
合计	100

本次研究的样本平均月收入情况如表5-8所示。

表5-8 样本平均月收入情况

平均月收入	本研究 频次	本研究 频率（%）	CNNIC 频率（%）
500元以下	4	0.6	19.9
501—1000元	6	0.9	6.5

续表

平均月收入	本研究		CNNIC
	频次	频率（%）	频率（%）
1001—1500元	2	0.3	5.3
1501—2000元	2	0.3	7.7
2001—3000元	9	1.3	12.6
3001—5000元	487	70.8	20.8
5000元以上	178	25.9	27.1
合计	688	100	100

由表 5-8 可以了解到，本研究中的有效样本平均月收入情况，占比最高的是 3001—5000 元的样本，为 70.8%，其次是超过 5000 元的样本，占比为 25.9%。根据 CNNIC（2019）的调查结果，互联网的用户呈现收入高低两极化的特征，在 CNNIC（2019）职业特征的分布中，学生所占比例最多为 26%，且因为学生是无收入或低收入人群，因此收入分布中占比 19.9% 非常正常。但本研究中样本内学生的构成仅为 2.5%，加上无业待岗人员的比例后也不足 3%。小红书使用者的特性导致了本样本与 CNNIC（2019）统计结果的差异。排除上述差异，CNNIC（2019）中 5000 元以上收入所占比例为 27.1%，本研究数据与此较为相符。

二、互联网使用行为

1. 每日访问时长

本研究样本访问小红书的时长分布如表 5-9 所示。

表5-9 小红书的访问时长分布情况

访问时长	频次	频率（%）	累计频率（%）
20 分钟以下	149	21.7	21.7
20 分钟—1 小时	158	23.0	44.7
1 小时—3 小时	195	28.3	73.0
3 小时—5 小时	96	14.0	87
5 小时以上	90	13.1	100

从表 5-9 可以看出，20 分钟以下、20 分钟—1 小时和 1 小时—3 小时的样本所占比例较高，分别为 21.7%、23.0%、28.3%。其中，访问 1 小时—3 小时的样本最多。可见小红书使用者每日访问小红书的时间较多，大部分人有一个深度的体验，样本的访问时长分布基本合理。

CNNIC（2019）关于上网时间的统计调查结果是以周为单位计算的，与本调查以日为单位计算略有不同。CNNIC（2019）调查结果指出，2019 年上半年，我国网民每个人平均每周上网时间为 27.9 小时，每天达到了 3.98 小时。根据 CNNIC（2019）关于各类应用使用时长占比的统计调查结果可见，访问小红书这类社交软件的时长占总互联网访问时长的 4.5%，转换为每日访问时间约为 0.18 小时，即 10.8 分钟。本研究中有 21.7% 的受访者访问小红书的时长在 20 分钟以下，与 CNNIC（2019）统计结果相似。

2. 使用互联网的时间

本研究样本使用互联网的时间的分布如表 5-10 所示。

表5-10 样本使用互联网的时间分布

使用互联网时间	频次	频率（%）	累计频率（%）
1 年以下	1	0.1	0.1
1—2 年	4	0.6	0.7
2—3 年	3	0.4	1.1

续表

使用互联网时间	频次	频率（%）	累计频率（%）
3—5 年	321	46.7	47.8
5 年以上	359	52.2	100

从表 5-10 可以看出，本研究样本使用互联网的时间较多，3—5 年和 5 年以上的样本所占比例较高，分别为 46.7%、52.2%，使用互联网时间在 5 年以上的占比最多。使用互联网时间在 1 年以下、1—2 年、2—3 年的样本总和仅占 1.1%，因此可以认为本样本都是具有 3 年以上互联网使用经验的资深网民。CNNIC（2019）提供的统计报告中并没有涉及这方面的内容，在此不做对比。

3. 受访者关注的小红书内容

本研究受访者关注的小红书内容分布如表 5-11 所示。

表 5-11 受访者关注的小红书内容

内容	频次	百分比（%）
美妆	266	38.7
个护	240	34.9
旅游	244	35.5
家居	224	32.6
旅行	246	35.8
酒店	318	46.2
餐馆	327	47.5
其他	1	0.1

从表 5-11 可以看出，餐馆和酒店是目前受访者最关注的两方面内容，

分别有 327 和 318 位受访者选择了这两项。接下来是美妆、旅行、旅游和个护，分别有 266 人、246 人、244 人和 240 人关注了这几项。相比而言，受访者不太关注家居，选择该项的受访者数量为 224 人。

从小红书的市场定位来看，小红书最开始是以海外旅行分享内容为主，之后美妆、个人护理等内容不断增加。从目前情况看，小红书中也出现了各种与信息分享有关的内容，涉及家居、运动、旅行、餐饮等，覆盖面不断拓宽。从此调查结果来看，符合小红书的内容发展和定位。在对小红书使用的描述分析中也可看出网络购物的趋势及口碑对于网络购物的重要性。小红书用户在口碑分享过程中，以图片、经历诉说为主，最直观、最容易被辨别的产品类型就是住宿、餐饮、旅行类产品。小红书上的产品关注类别符合这一网络购物特征。

三、核心变量描述性统计

在对样本人口统计学变量进行描述性统计分析的基础上，要对大样本核心变量进行描述性统计分析，以均值、最大值等指标为重点，分析大样本数据的分布形态、特征，检验大样本数据是否符合研究假设的要求。现以表 5-12 的形式来呈现对大样本数据描述性统计结果。

表5-12 变量描述性统计表

	个案数统计	最低值统计	最高值统计	均值统计	标准差统计	方差统计	偏度统计	偏度标准误差	峰度统计	峰度标准误差
网站关系强度	688	1.67	7	4.9937	1.2562	1.578	−0.33	0.093	−0.245	0.186
网站同质性	688	4	7	5.4133	0.8816	0.777	0.212	0.093	−0.724	0.186

续表

	个案数统计	最低值统计	最高值统计	均值统计	标准差统计	方差统计	偏度		峰度	
							统计	标准误差	统计	标准误差
信源可信度	688	1	7	5.0657	1.3583	1.845	−0.88	0.093	0.417	0.186
消费者行为意愿	688	2	7	5.3622	1.0285	1.058	−0.56	0.093	0.343	0.186
产品涉入度	688	2	7	5.3134	1.0958	1.201	−0.52	0.093	0.069	0.186
有效个案数	688									

从表 5-12 大样本数据特征描述性统计分析结果看出，各个变量的均值保持在 4.9937—5.4133，分布较为平均，没有出现异常数据。各变量标准差均在 0.8816—1.3583，说明样本数据离散度较小。所有变量的方差均在 1 左右，说明平均打分差异不大，受访者相互之间变异性不太高，一致性比较高。Klein 表示，如果样本数据偏度绝对值不足 3，峰度绝对值不到 8，意味着观测变量达到了正态分布的要求。

参照统计结果了解到，变量偏度绝对值、峰度绝对值远小于 Klein 提出的参考标准值。这意味着大样本数据的形态与正态分布要求保持一致，能为下一步继续进行数据分析提供保障。

四、描述性统计小结

人口基本特征方面，从年龄分布来看，占比最高的就是 20—29 岁的样本，达到了 42%，紧随其后的是 30—39 岁的样本，占比为 36.2%，这和我们预想的研究对象主体相符。因为小红书的使用人群以"90 后"为主，具有海外购物经历的社交网络平台购物主体人群集中在"80后""90后"中。

从性别分布情况来看，在被调查的688个样本中，男女比例相差不大，可以看出社交电商平台已得到普遍的认识和使用，用户没有明显的性别差异。

从教育程度来看，样本整体文化水平较高，本科以下学历（不含本科）比例为23.7%，这一情况和中国实际教育情况比较匹配，研究数据分析结果普适性较高。但这一测量结果也有可能是因为教育程度与网络使用程度或与调查参与意愿相关，这一因素也应纳入考虑。

从职业与收入情况来看，普通职员、自由职业者以及个体工商户所占比例最大，收入在3001—5000元的比例最大，达到70.8%。这一情况符合本研究的样本人群特征。以上人口学统计特征符合CNNIC发布的互联网络发展报告的互联网使用群体人口学特征，故本研究的样本质量较高。

互联网使用行为方面，访问小红书的时间在1—3小时的人数最多。有98.9%的样本为具有3年以上互联网使用经验的资深网民。受访者关注的小红书内容比例与小红书的内容发展和定位相似，符合其网络特征。

对各个变量进行描述性统计分析之后，得到了良好的分析结果，所有变量均值的分布均衡，且处于中上水平，没有异常值。说明研究样本符合数据分析的基本要求。

第二节 大样本数据的信度效度分析

本节对样本数据的信度效度进行分析，目的是对数据质量进行合理评估。首先在分析结构效度时运用验证性因子，然后测算出各个题项的值，为信度评价做好准备。

一、效度分析

为了验证问卷测试结果的有效性,以及被调查者是否真正理解本研究问卷设计的意图,有必要对调查结果进行效度分析。

效度分析涉及两项内容,即结构效度、内容效度。笔者采用文献分析法,借鉴其他学者设计的较为可靠的量表来设计问卷,并征求专家意见对量表进行符合本研究内容的修正,所以能够保证测量问项的内容效度。下面验证结构效度。

在进行效度检验时,运用了验证性因子分析方法,即以不同的方法来测量同一测评维度时,其测量结果间应具有较高的相关程度。由于因子分析具有一定的局限性,并非适用于所有数据,先要通过 KMO 和 Bartlett 球体检验对数据是否适合加以判断。KMO 是一项能描述各个问题偏相关系数值的指标,该项指标值越接近于 1,表明这些问题间相关性越大,因子分析效果越能得到保证。Bartlett 球体检验则是借助检验得到的数据来判断这些数据是否出自多元正态分布的总体,如果 x^2 统计量 p 值不足 0.05,KMO 检验系数超过了 0.5,则表明这份问卷的结构效度符合要求,问卷中所有题项的设计较为合理,适合开展因子分析。

笔者分别对各种变量进行了检验,在进行 KMO 和 Bartlett 检验时,运用了 SPSS 23.0 软件,现以表 5-13 和表 5-14 的形式描述检验结果。

表5-13 自变量、调节变量检验结果统计表

KMO 和 Bartlett 球体检验		
KMO 取样适切性量数		0.894
Bartlett 球体检验	近似卡方	14875.625
	自由度	171
	显著性	0

表5-14 因变量检验结果统计表

KMO 和 Bartlett 球体检验		
KMO 取样适切性量数		0.945
Bartlett 球体检验	近似卡方	8910.479
	自由度	91
	显著性	0

经过检验可知，所有变量的 KMO 值都超过了 0.7。与此同时，Bartlett 球体检验显著，这意味着样本数据符合进行因子分析的要求。

根据预调研探索性因子分析结果，正式调查的数据共提取出 5 个变量，分别是网站关系强度、网站同质性、信源可信度、产品涉入度、消费者行为意愿。

在对大样本数据进行收敛度检验时，运用了 SPSSAU 进行因子分析，此项分析共针对 5 个因子以及 28 个分析项，有效样本量为 688 个，超出分析项数量的 10 倍，样本量适中。

依据 SPSSAU 判断标准，各个因子的 AVE（Average Variance Extracted，平均方差抽取量）值超过了 0.5，与此同时，CR（Composite Reliability，组合信度）值超过了 0.7，所有与测量项对应的因子载荷数值均超过了 0.7，可判断模型适配度良好。

1. 网站关系强度量表评估

结构效度选取网站关系强度为具体衡量维度，下设 3 个题项，根据表 5-15 结果显示，网站关系强度与相匹配的题项标准化载荷系数分别为 0.814、0.938、0.901，都明显超过了 0.7，AVE 值达到了 0.782，与标准值 0.5 相差较大，CR 值达到了 0.915，大于 0.7 的评价标准，模型适配度较理想。

表5-15 网站关系强度结构效度指标结果

变量	题项	标准化载荷系数	CR值	AVE值
网站关系强度	请问您大约多久使用一次小红书？	0.814	0.915	0.782
	请问小红书对您的重要程度？	0.938		
	请问小红书与您的密切程度？	0.901		

2. 网站同质性量表评估

结构效度选取网站同质性为具体衡量维度，下设3个题项。根据表5-16，网站同质性所对应的题项的标准化载荷系数分别为0.817、0.955、0.889，远超过标准值0.7，AVE值达到了0.782，明显超出了标准值0.5，CR值达到了0.915，大于0.7的评价标准，模型的适配度较为理想。

表5-16 网站同质性结构效度指标结果

变量	题项	标准化载荷系数	CR值	AVE值
网站同质性	小红书的利益与我个人的利益不一致	0.817	0.915	0.782
	小红书的利益与我个人的利益很不相似	0.955		
	小红书的利益与我个人的利益很不一样	0.889		

3. 信源可信度量表评估

结构效度选取信源可信度为具体衡量维度，下设5个题项。根据表5-17，信源可信度所对应的题项的标准化载荷系数分别为0.739、0.835、0.954、0.965、0.814，均大于0.7的评价标准，AVE值达到了0.739，远远超过了标准值0.5，CR值达到了0.934，大于评价标准的0.7，模型的适配度较为理想。

表5-17 信源可信度结构效度指标结果

变量	题项	标准化载荷系数	CR值	AVE值
信源可信度	来自小红书的信息（口碑）是不诚实的	0.739	0.934	0.739
	来自小红书的信息（口碑）是不值得信任的	0.835		
	来自小红书的信息（口碑）是没有经验的	0.954		
	来自小红书的信息（口碑）是没有知识含量的	0.965		
	来自小红书的信息（口碑）是不合格的	0.814		

4. 消费者行为意愿量表评估

结构效度选取消费者行为意愿为具体衡量维度，下设9个题项。根据表5-18显示，消费者行为意愿所对应的题项的标准化载荷系数分别为0.828、0.859、0.827、0.719、0.886、0.786、0.736、0.86和0.777，均大于评价标准的0.7，AVE值达到了0.663，远超出0.5的评价标准，CR值达到了0.946，超过了0.7的标准值，模型具有理想的适配度。

表5-18 消费者行为意愿结构效度指标结果

变量	题项	标准化载荷系数	CR值	AVE值
消费者行为意愿	我在做出购买决策时，通过小红书网络口碑获得了很大帮助	0.828	0.946	0.663
	小红书的网络口碑提供了一些关于该产品不同的看法	0.859		
	通过小红书网络口碑，使我对该产品的看法发生了改变	0.827		
	小红书的网络口碑影响我购买该产品	0.719		
	如果知道朋友想选择这种类型的产品，我一定会把自己通过小红书得到的口碑信息及时告诉他	0.886		

续表

变量	题项	标准化载荷系数	CR值	AVE值
消费者行为意愿	在合适的网络平台，我会把小红书中的口碑信息粘贴上去	0.786	0.946	0.663
	我会把该信息告诉朋友，以寻求他们的建议	0.736		
	在与朋友交谈时，只要提到了某种产品，我一定会及时向他传播小红书口碑信息	0.86		
	我会在其他消费者沟通网站留言，以这种形式传播口碑信息	0.777		

5. 产品涉入度量表评估

结构效度选取产品涉入度为具体衡量维度，下设8个题项。如表5-19所示，产品涉入度所对应的题项的标准化载荷系数分别为0.906、0.832、0.871、0.896、0.897、0.899、0.879和0.904，都超出了标准值0.7，AVE值达到了0.785，远远超出了0.5的评价标准，CR值达到了0.967，大于评价标准的0.7，模型的适配度较为理想。

表5-19 产品涉入度结构效度指标结果

变量	题项	标准化载荷系数	CR值	AVE值
产品涉入度	我认为小红书口碑产品对我来说是重要的	0.906	0.967	0.785
	我认为小红书口碑产品对我来说很有意义	0.832		
	我认为小红书口碑产品对我来说是必要的	0.871		
	小红书口碑产品对我来说是有吸引力的	0.896		
	对我来说小红书口碑产品是有趣的	0.897		
	小红书口碑产品对我来说是有价值的	0.899		
	小红书口碑产品与我是相关的	0.879		
	当提到小红书口碑产品时，我会想进一步了解	0.904		

从上面的分析可知，本研究量表由 5 个因子表示，5 个因子分别对应的 AVE 值全部大于 0.5，CR 值都超过了 0.9，与标准值 0.7 相比，明显偏高。这意味着本量表聚合效度完全符合要求。与此同时，与各个因子相匹配的因子载荷数值都超过了 0.7，从整体情况看，该量表有着较好的效度。

二、信度分析

测试信度主要是指分析评估量表和数据是否达符合可靠性要求，信度测量就是运用同样的测量工具来分析测量对象是否能得到一致性较高的数据结果。从研究情况看，为了增强结论的可靠性，从最初的研究模型设计，到提出研究假设，再到后期确定调查方法、选择研究对象、对问卷数据进行处理、数据分析等，各个环节都要体现严谨性。首先，本次研究量表的构念测量均借鉴已有研究的成熟量表，也借鉴了其他学者的优秀成果，立足于本次研究的具体情况对问卷可靠性进行分析；其次，受访者的年龄段、专业、教育背景等，比较具有层次性和普适性；最后，笔者对每一份问卷的填写情况进行审核，以此来增强数据可靠性。

从量化方面看，如果问卷的信度比较高，就能得到一致性、稳定性较强的数据信息，这是判断调查结果是否可信的重要指标。对于信度的衡量标准，不同的学者有不同的观点，最常用的检测方法是 Cronbach's α 系数法，即调查结果的可靠性由 Cronbach's α 一致性系数进行分析与判断。信度系数就是 Cronbach's α 值，信度系数越大，测量的可靠性就越大。一般来说，如果该值超过了 0.8，就意味着问卷有着很高的信度；如果处于 0.7—0.8 之间，表明问卷有着较好的信度；处于 0.6—0.7 之间，问卷信度可以接受；如果低于 0.6，则要对问卷进行调整。该值可以用如下公式进行计算：

$$\text{Cronbach's } \alpha = \frac{k}{k-1}\left(1 - \frac{\sum_{i=1} \text{var}^{i}}{\text{var}}\right)$$

对这一公式进行分析，题项总数用 k 表示，第 i 个题目的方差用 var(i) 表示，所有题目的总方差用 var 表示。利用 SPSS 23.0 软件对调查结果进行计算得到信度分析 Cronbach's α 值，如表 5-20 所示。

表 5-20　信度分析结果

变量	题数	Cronbach's α值
网站关系强度	3	0.914
网站同质性	3	0.914
信源可信度	5	0.937
消费者行为意愿	14	0.954
产品涉入度	8	0.967

本研究对网站关系强度、网站同质性、信源可信度、消费者行为意愿、产品涉入度这 5 个变量进行信度分析，从表 5-20 可见，网站关系强度的 Cronbach's α 值为 0.914，网站同质性的 Cronbach's α 值为 0.914，信源可信度的 Cronbach's α 值为 0.937，产品涉入度的 Cronbach's α 值为 0.967，消费者行为意愿的 Cronbach's α 值为 0.954，均超过了 0.9。从这组数据中了解到，该量表具有良好的内部信度。

第三节　假设检验

一、相关性分析及共线性检验

1. 相关性分析

在尚未开展假设检验时，先进行了皮尔森分析，找出因变量与自变量之间存在的相关性。如果得到的系数处于［-1，1］范围，越接近1，表示相关性越强。因此，笔者运用了统计分析软件工具SPSS23.0，分析结果如表5-21所示。

表5-21 相关性分析

	网站关系强度	网站同质性	信源可信度	消费者行为意愿	产品涉入度
网站关系强度 皮尔森相关性	1	0.431	0.297	0.605	0.667
显著性（双尾）		0	0	0	0
个案数	688	688	688	688	688
网站同质性 皮尔森相关性	0.431	1	0.177	0.483	0.488
显著性（双尾）	0		0	0	0
个案数	688	688	688	688	688
信源可信度 皮尔森相关性	0.297	0.177	1	0.451	0.426
显著性（双尾）	0	0		0	0
个案数	688	688	688	688	688
消费者行为意愿 皮尔森相关性	0.605	0.483	0.451	1	0.921
显著性（双尾）	0	0	0		0
个案数	688	688	688	688	688
产品涉入度 皮尔森相关性	0.667	0.488	0.426	0.921	1
显著性（双尾）	0	0	0	0	
个案数	688	688	688	688	688

注：在0.01级别（双尾），具有显著相关性。

根据表5-21的结果可见，对于因变量消费者行为意愿来说，各自变量都与其在统计学0.01级别存在显著正向相关关系。相关性最强的是产品涉入度，相关性最弱的是信源可信度。

由此，我们通过皮尔森分析，对变量之间可能存在的关系进行了初步的分析，对整体情况有了大致的认识。然而，相关性分析只单纯地反映各个变量间存在相关关系，不能准确指出是哪一种相关关系、是否为因果关系，无法准确验证本书提出的假设，故须进一步采用结构方程模型进行分析与研究。

2. 共线性检验

对于回归模型而言，如果自变量之间形成了相关性，而且多个变量的变化趋势保持一致，就意味着出现了多重共线性问题。吴明隆认为，如果自变量的相关系数达不到0.7，就可以证明不存在共线性问题。在对回归模型进行分析时，可以用容许度（Toli）、方差膨胀因子（Variance Inflation Factor，VIF）两种方法进行分析，前者在进行检验统计时重点关注了Toli值，而后者则把VIF值当成检验统计量。通常情况下，如果Toli值比较低，或是VIF值比较高，表明各个变量之间形成了严重的共线性状况（陈蓓蕾，2008）。这种情况表明，如果Toli值超过了0.1，而VIF值低于10，自变量不存在共线性问题，模型能够接受。

经过相关性分析，各个自变量的相关系数都低于0.7。为了对回归模型进行合理评估，检验模型是否存在共线性问题，笔者运用了VIF方法。由表5-22可以看出，在所有的回归模型中，VIF值都没有达到5，这一数值能够接受。表明各个变量之间并没有存在明显的多重共线性问题，可以判定模型中的所有变量的路径回归结果是可以接受的。

表5-22 共线性检验

共线性检验	Toli值	VIF值
X1-Y 回归模型	0.994	1.01（<5）
X2-Y 回归模型	0.996	1.01（<5）
Me-Y 回归模型	0.996	1（<5）
X1-Me 回归模型	0.994	1.006（<5）

续表

共线性检验	Toli 值	VIF 值
X2-Me 回归模型	0.996	1.005（<5）
中介效应 1 回归模型	0.815	1.227（<5）
中介效应 2 回归模型	0.798	1.254（<5）
调节效应回归模型	0.757	1.321（<5）

二、回归分析

为了找出各个变量之间存在什么样的联系，笔者在进行数据分析时选择了 SPSS 23.0 软件，以多元回归分析法对前期提出的 8 个假设进行分析与检验，验证消费者与网站关系强度、网站同质性和中介变量对消费者行为意愿的具体影响，研究这些变量之间的关系是否显著，以及各变量之间相对影响程度的大小。

回归分析强调了变量之间存在着什么样的关系，能揭示数量变化规律。在对回归线周围聚集的样本数据点强度进行检测时，笔者运用了回归方程的拟合优度，以评估可以用该回归方程表示的样本数据的代表程度，确定变量受一个或多个变量影响的程度，为获得良好的结论做好准备。

笔者对因变量、自变量进行了回归分析，发现因变量明显受到自变量的影响。在这一过程中，一般采用 F 检验（F-test）研究是否可以用线性模型来描述解释变量是否能引起被解释变量的线性变化。如果相伴概率值 p 不足 0.05，表明解释与被解释变量之间形成了显著线性关系，借助自变量的变化情况能预测因变量变化趋势，模型的总体回归效果是显著的。而影响程度用标准化回归系数判定回归系数，即在剔除其他所有自变量的情况下，某一项自变量对因变量变化的影响程度，适合本次研究。这种影响程度类似于回归方程显著性检验，在该值低于 0.05 的前提下，可以认为自变量可以作为解释变量存在于模型中。

笔者从人口统计学变量中选择了职业、年龄、文化程度等,将其设定为控制变量,以此来控制模型,检验在以上控制变量的控制下模型是否显著。

1. 网站关系强度对消费者行为意愿的回归

表 5-23—表 5-25 是对网站关系强度和消费者行为意愿的回归分析结果。

表 5-23 为模型摘要,在此表当中,在对因变量原因做出解释时,自变量所占据的比例用 R^2 表示,取值为 0—1。在模型 2 中,R^2 值达到了 0.367,这意味着在该模型之中,网站关系强度和控制变量在 36.7% 的程度上解释消费者行为意愿的原因。

表 5-23 模型摘要

模型	R	R^2	调整后 R^2	标准估算的误差
1	0.042[a]	0.002	−0.006	1.0313
2	0.606[b]	0.367	0.362	0.82156
a. 预测变量:月平均收入　性别　文化程度　年龄　现从事职业					
b. 预测变量:平均月收入　性别　文化程度　年龄　现从事职业　网站关系强度					

在 ANOVA（ANalysis Of VAriance，方差分析）检验中,对加入控制变量的网站关系强度和消费者行为意愿两者进行 F 检验,得到的结果如表 5-24 所示。其中模型包括回归、残差、总计,即差异来源的组间、组内和全部;平方和除自由度,能得到均方;组间方差除组内方差,能得到 F 值,F 值反映了组间方差与组内方差的相对大小;显著性指 F 检验的显著性,由显著性水平及自由度决定。从表 5-24 可以看出,模型 2 的 F=65.935,显著性 p 值为 0,远小于显著性水平 0.05,因此可以认为网站关系强度与消费者行为意愿之间存在显著的线性相关关系,网站关系强度的变化可以较好地反映消费者行为意愿的变化,回归模型非常显著。

表5-24 方差分析

模型	平方和	自由度	均方	F	显著性
1 回归	1.308	5	0.262	0.246	0.942a
残差	725.364	682	1.064		
总计	726.672	687			
2 回归	267.021	6	44.504	65.935	0.000b
残差	459.651	681	0.675		
总计	726.672	687			

因变量：消费者行为意愿
a. 预测变量：月平均收入　性别　文化程度　年龄　现从事职业
b. 预测变量：平均月收入　性别　文化程度　年龄　现从事职业　网站关系强度

采用t检验（student's t test）来检验加入控制变量的网站关系强度对消费者行为意愿的线性模型回归系数是否显著，现以表5-25的形式来描述检验结果。在表5-25中，非标准化回归系数用"B"表示，标准化回归系数用"Beta"表示，"t"值是对回归系数的t检验的结果，显著性代表t检验的显著性。

表5-25 网站关系强度与消费者行为意愿的回归系数

模型	非标准化回归系数 B	标准误差	标准化回归系数 Beta	t	显著性	共线性统计 Toli值	VIF值
1（常量）	4.998	0.403		12.403	0		
您的性别	−0.007	0.08	−0.004	−0.092	0.926	0.979	1.02
您的年龄	−0.026	0.054	−0.025	−0.474	0.635	0.538	1.86
文化程度	0.017	0.047	0.018	0.366	0.714	0.6	1.67
职业	0.018	0.039	0.018	0.468	0.64	0.971	1.03
平均月收入	0.052	0.064	0.038	0.815	0.415	0.676	1.48

续表

模型	非标准化回归系数 B	标准误差	标准化回归系数 Beta	t	显著性	共线性统计 Toli值	VIF值
2（常量）	2.782	0.34		8.184	0		
您的性别	−0.014	0.064	−0.007	−0.225	0.822	0.979	1.02
您的年龄	0.033	0.043	0.032	0.761	0.447	0.536	1.87
文化程度	−0.007	0.037	−0.007	−0.19	0.849	0.6	1.67
职业	−0.007	0.031	−0.007	−0.21	0.834	0.969	1.03
平均月收入	0.012	0.051	0.009	0.245	0.806	0.675	1.48
网站关系强度	0.497	0.025	0.607	19.841	0	0.994	1.01

从表 5-25 中可以看出线性回归模型 2 中非标准化的常量和网站关系强度的系数分别为 2.782 和 0.497，经过标准化处理之后，系数 0.497 不变。回归方程如下。

消费者行为意愿 =2.782+0.497× 网站关系强度 −0.014× 您的性别 +0.033× 您的年龄 −0.007× 文化程度 −0.007× 职业 +0.012× 平均月收入

由于回归系数为正，说明网站关系强度与消费者行为意愿成正向关系，即网站关系强度越强，消费者的行为意愿越高。另外，线性回归模型 2 中的常量和网站关系强度的 t 值分别为 8.184 和 19.841，相应的 p 值都为 0，小于 0.05。说明系数非常显著，模型解释效果较好。

由此可得，假设 H1 成立，消费者行为意愿会受到网站关系强度的积极影响。

2. 网站同质性对消费者行为意愿的回归

首先在模型摘要中查看模型 2，加入控制变量的网站同质性对消费者行为意愿的解释度，再对加入控制变量的网站同质性和消费者行为意愿的回归分析。通过表 5-26—表 5-28 来描述分析结果。

表 5-26 为模型摘要,在此表当中,在对因变量原因做出解释时,自变量所占据的比例用 R^2 表示,取值为 0—1。将控制变量加入模型 2 中,得到的 R^2 值为 0.235,即表示在此模型中,网站同质性在 23.5% 的程度上解释消费者行为意愿的原因。

表5-26　模型摘要

模型	R	R^2	调整后 R^2	标准估算的误差
1	0.042[a]	0.002	−0.006	1.0313
2	0.485[b]	0.235	0.229	0.9034
a. 预测变量:月平均收入　性别　文化程度　年龄　现从事职业				
b. 预测变量:平均月收入　性别　文化程度　年龄　现从事职业　网站关系强度				

在 ANOVA 检验中,对网站同质性和消费者行为意愿两者进行 F 检验,得到的结果如表 5-27 所示。其中,$F=34.913$,p 值为 0.000,远小于显著性水平 0.05,由于显著性是指原假设为真的情况下拒绝原假设所要承担的风险水平,因此可以认为网站同质性与消费者行为意愿之间存在显著的线性相关关系,消费者行为意愿对网站同质性的依赖性较高,回归模型非常显著。

表5-27　方差分析

模型	平方和	自由度	均方	F	显著性
1 回归	1.308	5	0.262	0.246	0.942[a]
残差	725.364	682	1.064		
总计	726.672	687			
2 回归	170.943	6	28.491	34.913	0.000[b]
残差	555.729	681	0.816		
总计	726.672	687			
因变量:消费者行为意愿					
a. 预测变量:月平均收入　性别　文化程度　年龄　现从事职业					
b. 预测变量:平均月收入　性别　文化程度　年龄　现从事职业　网站关系强度					

在此基础上进行了 t 检验，旨在探明自变量是否对因变量线性模型回归系数产生了显著影响，即消费者行为意愿是否会受到网站同质性的影响，检验结果如表 5-28 所示。可以看出该线性回归模型 2 中非标准化的常量和同质性的系数分别为 1.968 和 0.565。回归方程如下。

消费者行为意愿 =1.968+0.565× 网站同质性 −0.011× 您的性别 −0.017× 您的年龄 −0.019× 文化程度 +0.018× 职业 +0.059× 平均月收入

表 5-28 网站同质性和消费者行为意愿的回归系数

模型	非标准化回归系数 B	标准误差	标准化回归系数 Beta	t	显著性	共线性统计 Toli值	VIF值
1（常量）	4.998	0.403		12.403	0		
您的性别	−0.007	0.08	−0.004	−0.092	0.926	0.979	1.02
您的年龄	−0.026	0.054	−0.025	−0.474	0.635	0.538	1.86
文化程度	0.017	0.047	0.018	0.366	0.714	0.6	1.67
职业	0.018	0.039	0.018	0.468	0.64	0.971	1.03
平均月收入	0.052	0.064	0.038	0.815	0.415	0.676	1.48
2（常量）	1.968	0.411		4.790	0		
您的性别	−0.011	0.070	−0.007	−0.161	0.872	0.979	1.02
您的年龄	−0.017	0.048	0.032	−0.358	0.720	0.538	1.86
文化程度	−0.019	0.041	−0.007	−0.464	0.643	0.598	1.67
职业	0.018	0.034	−0.007	0.536	0.592	0.971	1.03
平均月收入	0.059	0.056	0.009	1.052	0.293	0.676	1.48
网站同质性	0.565	0.039	0.607	14.418	0	0.996	1.01

因变量：消费者行为意愿

由于回归系数为正，说明加入控制变量的网站同质性与消费者行为意愿成正向关系，即网站同质性越强，消费者行为意愿越强。另外，线性回归模型 2 中的常量和网站同质性的 t 值分别为 4.790 和 14.418，所对应的显著性 p 值都为 0.000，小于 0.05。说明系数非常显著，模型解释效果较好。

由此可知，假设 H2 成立，网站同质性对消费者行为意愿产生正向影响。

3. 信源可信度和消费者行为意愿的回归

在对加入控制变量的信源可信度和消费者行为意愿的回归中，首先在模型摘要中查看信源可信度对消费者行为意愿的解释度，再对信源可信度和消费者行为意愿的回归进行分析。

表 5-29 为模型摘要，在此表当中，在对因变量原因做出解释时，自变量所占据的比例用 R^2 表示，取值为 0—1。模型 2 的 R^2 值为 0.205，即表示在加入调节变量的信源可信度对消费者行为意愿回归模型中，信源可信度在 20.5% 的程度上解释消费者行为意愿的原因。

表5-29 模型摘要

模型	R	R^2	调整后 R^2	标准估算的误差
1	0.042[a]	0.002	−0.006	1.0313
2	0.452[b]	0.205	0.198	0.9213
a. 预测变量：月平均收入　性别　文化程度　年龄　现从事职业					
b. 预测变量：平均月收入　性别　文化程度　年龄　现从事职业　网站关系强度					

然后对加入控制变量的信源可信度、消费者行为意愿模型开展了 F 检验，现以表 5-30 的形式来描述检验结果。从表 5-30 可以看出，模型 2 中 F=29.188，显著性 p 值为 0.000，远小于显著性水平 0.05，由于显著性是指原假设为真的情况下拒绝原假设所要承担的风险水平，因此可以认为加入控制变量的信源可信度与消费者行为意愿之间存在显著的线性关系，消费者行为意愿对信源可信度的依赖性较高，回归模型显著。

表 5-30 方差分析

模型	平方和	自由度	均方	F	显著性
1 回归	1.308	5	0.262	0.246	0.942[a]
残差	725.364	682	1.064		
总计	726.672	687			
2 回归	148.648	6	24.775	29.118	0.000[b]
残差	578.024	681	0.849		
总计	726.672	687			
因变量：消费者行为意愿					
a. 预测变量：月平均收入 性别 文化程度 年龄 现从事职业					
b. 预测变量：平均月收入 性别 文化程度 年龄 现从事职业 网站关系强度					

本模型的 t 检验结果如表 5-31 所示。可以看出线性回归模型 2 中非标准化的常量和信源可信度的回归系数分别为 3.401 和 0.342，标准化后的系数为 0.484。回归方程如下。

消费者行为意愿 =3.401+0.342× 信源可信度 −0.022× 您的性别 −0.019× 您的年龄 −0.011× 文化程度 +0.003× 职业 +0.054× 平均月收入

表 5-31 信源可信度和消费者行为意愿的回归系数

模型	非标准化回归系数 B	标准误差	标准化回归系数 Beta	t	显著性	共线性统计 Toli值	VIF值
1（常量）	4.998	0.403		12.403	0		
您的性别	−0.007	0.08	−0.004	−0.092	0.926	0.979	1.02
您的年龄	−0.026	0.054	−0.025	−0.474	0.635	0.538	1.86
文化程度	0.017	0.047	0.018	0.366	0.714	0.6	1.67
职业	0.018	0.039	0.018	0.468	0.64	0.971	1.03

续表

模型	非标准化回归系数 B	标准误差	标准化回归系数 Beta	t	显著性	共线性统计 Tol值	VIF值
平均月收入	0.052	0.064	0.038	0.815	0.415	0.676	1.48
2（常量）	3.401	0.380		8.955	0		
您的性别	−0.022	0.072	−0.011	−0.309	0.758	0.979	1.02
您的年龄	−0.019	0.049	−0.018	−0.391	0.696	0.538	1.86
文化程度	−0.011	0.042	−0.012	−0.265	0.791	0.599	1.67
职业	0.003	0.035	0.003	0.097	0.923	0.970	1.03
平均月收入	0.054	0.057	0.039	0.945	0.345	0.676	1.48
信源可信度	0.342	0.026	0.451	13.175	0	0.996	1.00

因变量：消费者行为意愿

由于回归系数为正，说明信源可信度与消费者行为意愿成正向关系，即信源可信度越强，消费者的行为意愿越强。另外，线性回归模型2中的常量和信源可信度的 t 值分别为 8.955 和 13.175，相应的 p 值都为 0，说明系数非常显著，模型解释效果较好。

由此可得，假设 H3 成立，信源可信度对消费者行为意愿产生正向影响。

三、自变量与中介变量的回归分析

沿用上述方法，依次对中介变量开展回归分析。按前面的步骤，先进行 F 检验，得到检验结果，再进行 t 检验，以把握住自变量与中介变量之间是否存在线性关系。

网站关系强度、网站同质性和信源可信度的 R^2 值如表 5-32 所示。

表 5-32　模型摘要

模型	R	R^2	调整后 R^2	标准估算的误差
1	0.066[a]	0.004	−0.003	1.36032
2	0.303[b]	0.092	0.084	1.29995
3	0.303[c]	0.035	0.026	1.34051

a. 预测变量：月平均收入　性别　文化程度　年龄　现从事职业
b. 预测变量：平均月收入　性别　文化程度　年龄　现从事职业　网站关系强度
c. 预测变量：平均月收入　性别　文化程度　年龄　现从事职业　网站同质性

网站关系强度、网站同质性和信源可信度的 R^2 值分别为 0.092 和 0.035，表明网站关系强度和网站同质性在一定程度上解释了信源可信度。

ANOVA 检验用以进行方差检验，检验标准为 F 值和显著性，表 5-33 为两个自变量加入控制变量后对信源可信度的方差检验结果。

表 5-33　方差分析

模型		平方和	自由度	均方	F	显著性
1	回归	5.492	5	1.098	0.594	0.705[a]
	残差	1262.019	682	1.850		
	总计	1267.511	687			
2	回归	116.707	6	19.451	11.510	0.000[b]
	残差	1150.804	681	1.690		
	总计	1267.511	687			
3	回归	43.770	6	7.295	4.060	0.001[c]
	残差	1223.741	681	1.797		
	总计	1267.511	867			

因变量：消费者行为意愿
a. 预测变量：月平均收入　性别　文化程度　年龄　现从事职业
b. 预测变量：平均月收入　性别　文化程度　年龄　现从事职业　网站关系强度
c. 预测变量：平均月收入　性别　文化程度　年龄　现从事职业　网站同质性

从表 5-33 可以看出，两个自变量和信源可信度的模型 F 值分别为 11.510、4.060；显著性 p 值为 0.000，远小于显著性水平 0.05。由于显著性是指原假设为真的情况下拒绝原假设所要承担的风险水平，由此可见，两个自变量与信源可信度之间的线性相关关系较为明显。

在 t 检验方面，检验结果如表 5-34、表 5-35 所示。可以看出，两个自变量对信源可信度的线性回归模型中的回归系数分别为 0.321 和 0.268，回归系数为正，说明网站关系强度、网站同质性与信源可信度均成正向关系。回归方程分别如下。

信源可信度 =3.239+0.321× 网站关系强度 +0.038× 您的性别 +0.018× 您的年龄 +0.067× 文化程度 +0.028× 职业 -0.031× 平均月收入

信源可信度 =3.233+0.268× 网站同质性 +0.041× 您的性别 -0.016× 您的年龄 +0.065× 文化程度 +0.044× 职业 -0.002× 平均月收入

表5-34　网站关系强度和信源可信度的回归系数

模型	非标准化回归系数 B	标准误差	标准化回归系数 Beta	t	显著性	共线性统计 Toli值	VIF值
1（常量）	4.672	0.532		8.791	0		
您的性别	0.043	0.106	0.016	0.407	0.684	0.979	1.021
您的年龄	-0.02	0.072	-0.014	-0.277	0.782	0.538	1.858
文化程度	0.082	0.062	0.066	1.337	0.182	0.6	1.665
职业	0.044	0.052	0.033	0.846	0.398	0.971	1.03
平均月收入	-0.005	0.084	-0.003	-0.064	0.949	0.676	1.48
2（常量）	3.239	0.538		6.022	0		
您的性别	0.038	0.101	0.014	0.381	0.703	0.979	1.021
您的年龄	0.018	0.069	0.013	0.265	0.791	0.536	1.867
文化程度	0.067	0.059	0.053	1.133	0.257	0.6	1.667

续表

模型	非标准化回归系数 B	标准误差	标准化回归系数 Beta	t	显著性	共线性统计 Toli值	VIF值
职业	0.028	0.05	0.021	0.558	0.577	0.969	1.032
平均月收入	−0.031	0.08	−0.017	−0.385	0.701	0.675	1.482
网站关系强度	0.321	0.04	0.297	8.113	0	0.994	1.006
因变量：信源可信度							

表5-35　网站同质性和信源可信度回归系数

模型	非标准化回归系数 B	标准误差	标准化回归系数 Beta	t	显著性	共线性统计 Toli值	VIF值
1（常量）	4.672	0.532		8.791	0		
您的性别	0.043	0.106	0.016	0.407	0.684	0.979	1.021
您的年龄	−0.02	0.072	−0.014	−0.277	0.782	0.538	1.858
文化程度	0.082	0.062	0.066	1.337	0.182	0.6	1.665
职业	0.044	0.052	0.033	0.846	0.398	0.971	1.03
平均月收入	−0.005	0.084	−0.003	−0.064	0.949	0.676	1.48
2（常量）	3.233	0.620		5.304	0		
您的性别	0.041	0.104	0.015	0.395	0.793	0.979	1.021
您的年龄	−0.016	0.071	−0.011	−0.222	0.824	0.538	1.858
文化程度	0.065	0.061	0.052	1.072	0.284	0.598	1.672
职业	0.044	0.051	0.033	0.859	0.391	0.971	1.030
平均月收入	−0.002	0.083	−0.001	−0.026	0.979	0.676	1.480
网站同质性	0.268	0.058	0.174	4.615	0	0.996	1.005
因变量：信源可信度							

根据检验结果我们可以认为，网站关系强度越大，信源可信度越高；网站同质性越强，信源可信度越高。t 检验中显著性系数均为 0.000，说明显著性非常好。

由此可得，假设 H4、H5 成立，网站关系强度对信源可信度有正向影响，网站同质性对信源可信度有正向影响。

四、中介效应验证分析

对中介变量的概念进行分析，如果自变量 X 必须要借助于 Me 这个影响变量才能对因变量 Y 产生影响，Me 被称为中介变量。

下面借助经典的中介效应回归分析法，对信源可信度这个中介变量的中介效应进行实证研究，以检验网站关系强度、网站同质性是如何通过信源可信度来影响口碑说服效果的。Baron 认为，对提出的检验中介效应进行检验的步骤如下。

1）自变量、中介变量在对因变量产生作用时，是否产生了显著的回归影响。

2）自变量是否对中介变量产生了显著的回归影响。

3）在中介变量的影响下，自变量与因变量的相关性有所减弱，回归系数的显著性也有所下降，中介变量会对因变量产生显著影响。

在对中介效应进行检验时，自变量为 X，因变量为 Y，中介变量为 Me。$Y=cX+e1$，$Me=aX+e2$，$Y=c'X+b\text{Me}+e3$。在这几个公式中，X 对 Y 的总效应用 c 表示，在中介变量 Me 的作用下产生的中介效应用 a、b 表示，直接效应则为 c'。如果中介变量只有一个，就会形成 $c=c'+ab$，用 $c-c'=ab$ 来确定中介效应的强弱。

1. 信源可信度对网站关系强度和消费者行为意愿的关系中的中介作用

本书运用分层回归方法对中介效应进行检验，在此以表 5-36 的形式来描述回归模型。借助 R^2 值了解到，网站关系强度在 36.7% 的程度上解释消费者行为意愿变化原因，信源可信度在 20.5% 的程度时解释消费者行为意愿变化的原因，而加入信源可信度后的网站同质性对消费者行为意愿的解释率为 44.8%，明显提高了，说明信源可信度对网站关系强度和消费者行为意愿的关系产生影响。

表 5-36　信源可信度中介效应验证 1

	信源可信度	消费者行为意愿	消费者行为意愿
常数	3.239（6.022**）	2.782（8.184**）	2.052（6.291**）
您的性别	0.038（0.381）	−0.014（−0.225）	−0.023（−0.386）
您的年龄	0.018（0.265）	0.033（0.761）	0.029（0.712）
文化程度	0.067（1.133）	−0.007（−0.190）	−0.022（−0.635）
职业	0.028（0.558）	−0.007（−0.210）	−0.013（−0.438）
平均月收入	−0.031（−0.385）	0.012（0.245）	0.019（0.409）
网站关系强度	0.321（8.113**）	0.497（19.841**）	0.424（17.310**）
信源可信度			0.225（9.951**）
样本量	688	688	688
R^2	0.092	0.367	0.448
调整后 R^2	0.084	0.362	0.442
F	$F(6, 681)=11.51, p=0$	$F(6, 681)=65.935, p=0$	$F(7, 68)=78.798, p=0$
* $p < 0.05$ ** $p < 0.01$			

网站关系强度对消费者行为意愿的回归系数为 0.497，$p < 0.01$，回归显著；网站关系强度对信源可信度回归系数达到了 0.321，$p < 0.01$，存在显著回归；将信源可信度这一中介变量加入其中，网站关系强度对消费者行为意愿的回归系数为 0.424，$p < 0.01$。加入信源可信度后，网站关系强度对消费者意愿的回归系数有所减弱，却没有对显著回归产生影响；而信源可信度对消费者行为意愿的回归系数为 0.225，$p < 0.01$，回归显著。综上，在本次研究中，信源可信度在网站关系强度和消费者行为意愿的影响中具有部分中介作用。

由此，假设 H6 成立，信源可信度在网站关系强度对消费者行为意愿影响关系中具有中介作用。

2. 信源可信度对网站同质性和消费者行为意愿的关系中的中介作用

回归模型结果如表 5-37 所示。通过 R^2 值可以看出，网站同质性在 23.5% 的程度上解释消费者行为意愿变化的原因，信源可信度在 20.5% 的程度上解释消费者行为意愿变化的原因，而加入信源可信度后的网站同质性对消费者行为意愿的解释率为 37.3%，明显提高了。说明加入信源可信度对网站同质性和消费者行为意愿的关系具有影响。

网站同质性对信源可信度的回归系数为 0.268，$p < 0.01$，回归显著；网站同质性对消费者行为意愿回归系数达到 0.565，$p < 0.01$，形成了显著回归；将信源可信度这一中介变量加入其中，网站同质性对消费者行为意愿的回归系数为 0.488，$p < 0.01$。加入信源可信度后，网站同质性对消费者行为意愿的回归系数减小，但回归依然显著；而信源可信度对消费者行为意愿的回归系数为 0.287，$p < 0.01$，回归显著。综上，在本次研究中，信源可信度在网站同质性和消费者行为意愿的影响中具有部分中介作用。

由此，假设 H7 成立，信源可信度在网站同质性和消费者行为意愿影响关系中具有中介作用。

表5-37 信源可信度中介效应验证2

	信源可信度	消费者行为意愿	消费者行为意愿
常数	3.233（5.304**）	1.968（4.790**）	1.041（2.743**）
您的性别	0.041（0.395）	−0.011（−0.161）	−0.023（−0.363）
您的年龄	−0.016（−0.222）	−0.017（−0.358）	−0.013（−0.291）
文化程度	0.065（1.072）	−0.019（−0.464）	−0.038（−1.015）
职业	0.044（0.859）	0.018（0.536）	0.006（0.188）
平均月收入	−0.002（−0.026）	0.059（1.052）	0.059（1.174）
网站同质性	0.268（4.615**）	0.565（14.418**）	0.488（13.541**）
信源可信度			0.287（12.250**）
样本量	688	688	688
R^2	0.035	0.235	0.373
调整后 R^2	0.026	0.229	0.367
F	$F(6, 681)=4.06$, $p=0.001$	$F(6, 681)=34.913$, $p=0$	$F(7, 68)=57.912$, $p=0$
* $p < 0.05$ ** $p < 0.01$			

五、产品涉入度的调节作用

通常情况下，人们最为关注的是自变量与因变量，与之相比，中介变量、调节变量属于第三者，这两个重要的统计概念在实践中经常被混为一谈（温忠麟 等，2005）。在此，对调节变量进行概念界定：如果可以用变量Mo的函数来描述变量X与变量Y之间的关系，就可以把Mo称为调解变量，这意味着Mo这个变量会同时对X、Y产生影响（温忠麟 等，2005）。

在对调节效应进行检验时，本次研究运用了SPSS23.0统计分析软件。分别创建了两个回归方程，X、Y、Mo分别为自变量、因变量、调节变量，自变量与调节变量之间的交互项用MoX表示，得到了4个系数，即a、b、

c、c'。通过以下两个方程进行 F 检验，假如 F 检验显著，便确认调节作用显著。

$$Y=a+bx+c\text{Mo}+e$$

$$Y=a+bx+c\text{Mo}+c'\text{Mo}x+e$$

如果显著能对调节作用做出解释，可以直接对 c 的显著性加以检验。本书选择了第二种检验方式，检验结果如表 5-38 所示。

表 5-38 调节效应模型检验

	模型 1	模型 2	模型 3
常数	5.132（14.251**）	5.345（34.595**）	5.387（35.159**）
您的性别	−0.022（−0.309）	0.034（1.106）	0.024（0.797）
您的年龄	−0.019（−0.391）	0.015（0.702）	0.015（0.704）
文化程度	−0.011（−0.265）	0.005（0.300）	0.005（0.289）
职业	0.003（0.097）	0.013（0.838）	0.011（0.768）
平均月收入	0.054（0.945）	−0.025（−1.014）	−0.023（−0.973）
信源可信度	0.342（13.175**）	0.053（4.282**）	0.083（5.771**）
产品涉入度		0.838（54.978**）	0.811（49.081**）
信源可信度 * 产品涉入度			−0.046（−3.961**）
样本量	688	688	688
R^2	0.205	0.854	0.857
调整后 R^2	0.198	0.852	0.856
F	$F(6, 681)=29.188, p=0$	$F(7, 680)=567.814, p=0$	$F(8, 679)=509.534, p=0$
ΔR^2	0.205	0.649	0.003
ΔF	$F(6, 681)=29.188, p=0$	$F(1, 680)=3022.533, p=0$	$F(1, 679)=15.692, p=0$
因变量：消费者行为意愿			
*$p<0.05$ **$p<0.01$ 括号里面为 t 值			

从表 5-38 可知，调节作用分为 3 个模型，模型 1 中包括自变量（信源可信度），模型 2 在模型 1 的基础上加入调节变量（产品涉入度），模型 3 在模型 2 的基础上加入交互项（自变量与调节变量的乘积项）。针对模型 1，其目的在于研究在不考虑调节变量（产品涉入度）的干扰时，自变量（信源可信度）对于因变量（消费者行为意愿）的影响情况。从表 5-38 可知，自变量（信源可信度）呈现出显著性（$t=13.175$，$p=0<0.05$）。意味着信源可信度对于消费者行为意愿会产生显著影响。调节效应可通过两种方式进行查看，第一种是查看模型 2 到模型 3 时，F 值变化的显著性；第二种是查看模型 3 中交互项的显著性。本书以第二种方式分析调节效应。

从表 5-38 可知，信源可信度与产品涉入度的交互项呈现出显著性（$t=-3.961$，$p=0<0.05$）。意味着信源可信度对于消费者行为意愿影响时，调节变量（产品涉入度）在不同水平时，影响幅度具有显著性差异。交互项回归系数为 -0.046，说明产品涉入度对信源可信度和消费者行为意愿之间的关系具有负向调节作用。

由此，假设 H8 成立，产品涉入度对信源可信度和消费者行为意愿之间的关系具有调节作用。

六、有调节的中介模型检验

Hayes（2013）在关于条件过程分析的论文中对调节模型、中介调节混合模型、中介模型之间的异同进行了对比。中介模型是一种效果传递过程模型，通用判断标准：使用 Bootstrape 模拟数据分析，检验中介路径上 95% 中介效应区间是否包含 0，不包含 0 即为中介效应成立。也可以通过温忠麟老师的中介效应回归检验三步骤判断中介效应是否成立。调节效应是不同条件下自变量和因变量的不同关系，简单的判断标准：调节项 p 值是否小于 0.05。如果自变更对因变量产生的影响一定要借助中介变量来完成，这种模型就属于有调节的中介模型。本书模型调节变量对中介变量和因变量的关系进行调节，上述研究已经验证了调节变量的调节作用，但在有调节的中介模型检验中，模型是否成立的判断标准在于模型的直接效应和间接效应是否都成立。

在研究过程中，笔者借鉴了Hayes创建的检验方法，在对中介模型进行检验时，运用了PROCESS回归分析插件。在Hayes看来，在检验有调节的中介模型中直接检验假设模型，无须检验先总效应、中介效应。原因在于在某一条件下，某段关系不稳定，甚至不显著，在有调节的中介模型中，中介效应有时候不显著，所以直接验证有调节的中介模型。PROCESS提供的条件过程模型的判断标准如下。

首先在模型检验中，对因变量输出模型进行分析，判断中介变量与交乘项回归系数是否显著，显著性系数小于0.05是判断标准。结果如表5-39所示，显著性系数均为0，回归模型显著。

表5-39　PROCESS模型14

	coeff	se	t	p	LLCI	ULCI
常数	0.0210	0.1488	0.1410	0.8879	−0.2713	0.3132
Z 网站关系强度	−0.0314	0.0197	−1.5911	0.112	−0.701	0.0073
Z 信源可信度	0.1122	0.019	5.8959	0	0.0748	0.1495
Z 产品涉入度	0.8835	0.0213	41.4642	0	0.8416	0.9253
信源可信度 * 产品涉入度	−0.0696	0.0168	−4.1476	0	−0.1025	−0.0336
性别	0.224	0.296	0.8251	0.4096	−0.0337	0.826
年龄	0.0121	0.0201	0.5998	0.5489	−0.0274	0.0515
文化程度	0.006	0.0172	0.3474	0.7284	−0.0278	0.0398
职业	0.0123	0.0145	0.8438	0.3391	−0.0163	0.0408
平均月收入	−0.0225	0.0234	0.9602	0.3373	−0.0685	0.0235
OUTCOME VARIABLE：Z 消费者行为意愿					

其次要对间接效应 Bootstrap 路径进行检验，如果 ±1SD 的置信区间不包含 0，表示产生了显著的间接效应。间接效应指标值 −0.0207，置信区间「−0.0314，−0/0113」，不包含 0，效应显著，如表 5-40 所示。

表 5-40　间接效应置信区间

	Index	BootSE	BootLLCI	BootULCI
Z 产品涉入度	−0.0207	0.005	−0.0312	−0.0115

最后进行中介效应差异比较，在 ±1SD 的有无调节变量调节的两个中介效应相减，如果 Bootstrap 的 95% 置信区间不包含 0，则说明模型成立。检验结果如表 5-41 所示，0 没有出现在模型 95% 的置信区间「−0.0624，−0.023」，表明模型显著。

表 5-41　中介效应比较模型

Effect1	Effect2	Contrast	BootSE	BootLLCI	BootULCI
0.0333	0.054	−0.0207	0.005	−0.0312	−0.0115
0.0127	0.054	−0.0413	0.01	−0.0624	−0.023
0.0127	0.0333	−0.0207	0.005	−0.0312	−0.0115

以上 3 个判断标准是 Hayes 提出的，检验有调节的中介模型的标准，根据此判断标准，产品涉入度调节下的信源可信度对网站关系强度和消费者行为意愿关系的中介模型成立。由此，假设 H9 成立，产品涉入度调节下信源可信度在网站关系强度对消费者行为意愿的影响中具有中介作用。

同上，如表 5-42—表 5-44 所示，产品涉入度调节下的信源可信度对网站同质性和消费者行为意愿关系的中介模型成立，即假设 H10 成立，产品涉入度调节下信源可信度在网站同质性对消费者行为意愿的影响中具有中介作用。

表5-42　PROCESS模型14

	coeff	se	t	p	LLCI	ULCI
常数	0.0181	0.1484	0.1219	0.903	−0.2733	0.3095
Z 网站同质性	0.0421	0.0166	2.527	0.0116	0.0094	0.0748
Z 信源可信度	0.1097	0.0189	5.8057	0	0.0726	0.1468
Z 产品涉入度	0.8441	0.0193	43.7834	0	0.8063	0.882
信源可信度 * 产品涉入度	−0.0633	0.0166	−3.8118	0.0002	0.0958	0

表5-43　间接效应置信区间

	Index	BootSE	BootLLCI	BootULCI
Z 产品涉入度	−0.011	0.0034	−0.0183	−0.0049

表5-44　中介效应比较模型

Effect1	Effect2	Contrast	BootSE	BootLLCI	BootULCI
0.0191	0.0301	−0.011	0.0034	−0.0183	−0.0049
0.0081	0.0301	−0.022	0.0068	−0.0367	−0.0097
0.0081	0.0191	−0.011	0.0034	−0.0183	−0.0049

　　基于上述PROCESS模型检验得出结论，本书提出的有调节的中介模型成立。信源可信度在对消费者行为意愿产生影响时，产品涉入度起到了调节作用；产品涉入度调节作用下信源可信度对网站关系强度和消费者行为意愿的关系起到中介作用；产品涉入度调节作用下信源可信度对网站同质性和消费者行为意愿的关系起到中介作用。

七、实证分析结果总结

综合上述回归分析，关于各路径的实证分析总结表如表 5-45 所示。

表5-45　实证分析总结表

	消费者行为意愿
网站关系强度	+，强
网站同质性	+，强
信源可信度	+，强
	信源可信度
网站关系强度	+，强
网站同质性	+，强
	消费者行为意愿
信源可信度对网站关系强度的中介	+，强
信源可信度对网站同质性的中介	+，强
	消费者行为意愿
产品涉入度对信源可信度的调节效应	-，强
	消费者行为意愿
信源可信度对网站关系强度的中介作用受产品涉入度调节	-，强
信源可信度对网站同质性的中介作用受产品涉入度调节	-，强

（注："+"表示正向效应；"-"表示负向效应；"强"表示在0.05显著水平下显著）

第四节　结论与讨论分析

在对网站关系强度、网站同质性、信源可信度、消费者行为意愿、产

第五章 数据分析及假设检验

品涉入度的关系进行验证时，笔者将一些控制变量加入其中，包括性别、职业、文化程度等。在选择样本时，同时遵循相对随机性、代表性两大原则，保证样本群体是小红书的适用群体，在性别、年龄、文化程度、职业、平均月收入等描述中发现样本群体符合检验假设的基本要求。在对研究假设进行检验时，将主要控制变量加入回归模型当中，分析在不同收入、不同年龄段、不同文化程度等变量的控制之下，提出的假设是否被支持。

为了检验前期提出的 8 个假设是否合理，笔者进行了回归分析，所有假设均获得了实证支持，研究假设及检验结果如表 5-46 所示。

表 5-46　研究假设检验结果

假设路径	是否支持
H1 网站关系强度→消费者行为意愿	支持
H2 网站同质性→消费者行为意愿	支持
H3 信源可信度→消费者行为意愿	支持
H4 网站关系强度→信源可信度	支持
H5 网站同质性→信源可信度	支持
H6 信源可信度对网站关系强度与消费者行为意愿关系的中介作用	支持
H7 信源可信度对网站同质性与消费者行为意愿关系的中介作用	支持
H8 产品涉入度对信源可信度与消费者行为意愿关系的调节效应	支持
H9 信源可信度对网站关系强度和消费者行为意愿关系的中介作用受产品涉入度调节	支持
H10 信源可信度对网站同质性和消费者行为意愿关系的中介作用受产品涉入度调节	支持

一、网站关系强度对消费者行为意愿的影响研究

毕继东（2019b）在研究中，重点对消费者行为意愿进行了研究并得出结论：消费者购买意愿会受到多个因素的干扰，关系强度是最重要的一个因素，如果口碑参与者之间形成了高关系强度，就会对彼此的意见产生重要影响。Kim 等人（2018）认为当消费者更频繁地使用某个评论网站并因此与其建立牢固的关系时，他们可能对评论的态度更好。

本次研究中网站关系强度对消费行为意愿具有显著的正向影响，且网站关系强度可以解释消费者行为意愿 36.7% 的变化。消费者与网站之间的关系强度越强，越能提高消费者行为意愿，从而促进产品购买和对口碑的再传播。在小红书社区中，与小红书平台联系越紧密，行为意愿越容易受到小红书社区发布的评论的影响。

在 OSN 理论中，将社交网站看作在口碑传播过程中的一个主要参与者，参与者间的关系强度会对消费者的行为产生影响，这与以往研究的参与者关系强度对消费者行为影响的结论相一致，也进一步佐证了 Brown 等人的在线社交网络理论的假设。

二、网站同质性对消费者行为意愿的影响研究

本次研究结果得出，消费者与网站同质性对消费者行为意愿有正向显著影响。网站同质性可以解释消费者行为意愿 23.5% 的变化。Kim 等人（2018）在其基于 OSN 框架下对网络口碑效果的研究中提出，消费者在在线社区中，更倾向于基于社区来搜寻信息而不是通过对用户的搜索来获取自己需要的信息，基于这样的消费者与网站关系，与社区具有高度同质性的消费者会以积极的态度面对网站，进而做出合理评论。

小红书为用户搭建了一个庞大的口碑分享社区，整个社区形成了一个完善的口碑库。经研究了解到，消费者的购买行为、口碑再传播等行为会受到小红书与消费者之间同质性的影响，而且这种影响是积极的。受访者关注最多的是酒店和餐馆，其次是美妆，选择关注个护、旅游、旅行的人数相似，选择关注家居的人数最少。这与小红书当前的发展和定位相一致，小红书的网站定位从最初的海淘分享到与生活最紧密的衣、食、住、行的分享和产品链的打造，是社交电商在自身定位和用户外部作用下共同催生的发展趋势。

本次研究的结果也验证了小红书网站的属性、定位与消费者的需求相互作用，并互相影响，消费者因认同小红书的属性而喜欢通过小红书口碑了解产品，也喜欢将自己的评价或所看到的产品口碑信息分享给亲友。

三、信源可信度对消费者行为意愿的影响研究

大量的研究提供了经验证据，其目的是探明信息接受者的行为、态度等是否会受信源可信度的影响。如果信源可信度比较高，就能产生较强的说服力。Chaiken 等人认为，在消费者进行思考时，信源可信度将成为重要的线索，会对其做出决策产生直接影响，尤其是低任务重要性情境之中，信源可信度不仅会对思考过程产生影响，还会成为唯一的决定性因素。信源可以是传播者也可以是传播平台。当信源是弱联结关系的个体时，人们通常会借助其发布口碑的平台来判断信源是否可信。

Kim 等人（2018）认为，当消费者认为网站上的评论可信且可靠时，他们更有可能对网站及其评论形成积极的态度。因此，如果消费者认为专家撰写了一份具有权威性的网站评论，对消费者购买意愿会产生积极影响。

本次研究中，信源可信度对消费者行为意愿有显著的正向影响。这一论断佐证了本书的假设，信源可信度对消费者行为意愿产生影响。在本次

研究中，信源可信度可以解释消费者行为意愿 20.5% 的变化。说明可信度越高的信息来源对消费者行为意愿的正向影响越大。在小红书社区中，对于发布口碑信息的来源信任度越高，越愿意参考平台当中发布的口碑信息并据此对自己的行为做出决策。

四、网站关系强度对信源可信度的影响研究

根据社会交换理论，紧密的人际关系具有共赢的特征，获取利益是驱动人们维护或强化关系的动力。出于这个动机，关系中的任何一方都不会破坏关系，并且会无条件相信另一方。如果一个与自己产生了强关系的个体为自己提供了口碑信息，口碑信息接受者就会坚信这种信息是可靠的、真实的，并且完全发自内心，不存在任何利益因素，该口碑信息是真实可依赖的。因为在传统口碑沟通过程中，发送方和接收方通常具有密切的个人关系，因此接收方更容易评估发送方的知识，最终确定信源可信度。

然而，在在线环境中，这种评估是与未知个体的相对非个人信息交换。由于评论是由其个人和背景未知的个人发布的，因此对评论的评估主要基于网站及其内容而非个人评论者（Brown et al.，2007）。Brown 等人认为，个人倾向将具有强关系的群体中产生的信息视为更可信（Brown et al.，2007；Mack et al.，2008；Zhu et al.，2010）。

本次研究的结果表明，消费者与网站关系强度正向影响信源可信度，即消费者与网站间关系强度越大，越容易认可信息来源的可信度。小红书社交电商平台中的用户在现实生活中没有强联系，他们都是基于平台的弱联结群体，消费者在小红书当中搜寻口碑信息是基于长期使用小红书从而对平台产生信赖，用户与小红书平台的强关系会使他们确定信源可信度。

五、网站同质性对信源可信度的影响研究

人们发现，个人倾向于认为与他们具有相似属性的其他人更诚实，更值得信赖，而且这种信赖源于感知的共性（Ayeh et al., 2013; Levin et al., 2006）。共同的兴趣爱好、组成背景、价值观念都会促使信任的产生。Kim等人（2018）的研究提出可信度的评估受到与网站关系（如关系强度和同质性）的看法的影响。当个人因共同的兴趣而与网站建立密切联系时，他们可能会认为网站上的口碑更可信。

本次研究结果表明，网站同质性对信源可信度有显著正向影响，且网站同质性可在3.5%的程度上解释信源可信度。如果网站与消费者之间具有较强的同质性，就会对口碑信源的可信度表示认同。

小红书社区中积累了一定数量的消费者口碑，数千万用户都可以将自己购买到的商品通过这个平台与其他消费者分享，也能根据自己的需求、兴趣等对他人的评论点赞，这些行为使平台在积累了大量底层用户数据的前提下也创建了一个完善的网络社区，在这个社区中的用户有着同样的需求、同样的爱好。由于用户对网站属性表示认同，使用深度就比较高，用户对网站属性的认同又使他们更深地参与进网站交流当中，且对其中的信息来源产生信任。

六、信源可信度的中介效应

Brown等人（2007）针对网络口碑的研究认为，口碑传播者与网站的关系强度越大，消费者对信源越信赖，这种信赖会对其行为意愿产生影响。

Feldman等人（1971）表示，信息接受者会从多个自己需要的商品信

息中找到与自己兴趣爱好保持一致的传播者提供的信息。也就是说，和自己具有相似性的信源更可信，因此其口碑也具有影响力。

在中介效应的研究中，如果自变量对因变量的回归不显著，但中介回归显著，则表明这一中介是完全中介。在未加入中介变量之前，自变量对因变量形成了显著回归，中介变量加入之后虽然显著性系数有所下降，但中介回归没有发生改变，则该中介为不完全中介。

根据实证研究结果，加入信源可信度这个中介变量之后，网站关系强度及信源可信度对消费者行为意愿的共同影响作用依然显著，但网站关系强度的回归系数值由原来的 0.497 下降到 0.424，回归系数有一定的下降，显著性系数均为 0，回归显著。加入信源可信度这个中介后，网站同质性及信源可信度对消费者行为意愿的共同影响作用显著，网站同质性的回归系数值由原来的 0.565 下降到 0.488。所以在本次研究的中介检验中，信源可信度在消费者与网站强度与消费者行为意愿关系，以及网站同质性与消费者行为意愿关系之间起到不完全中介作用。可以认为消费者与网站的关系强度越大，消费者对信源越信任，从而影响其行为意愿。当消费者与小红书的关系强度很强时，会更愿意接受、传播口碑信息或产生购买行为，而高信源可信度会增强关系强度对行为意愿的影响。当消费者认为信息来源可靠时，对小红书的口碑会更依赖，从而影响行为意愿。消费者与网站的同质性越强，也会导致消费者对信源越信任，从而影响其行为意愿。

七、产品涉入度的调节作用研究

许多学者对产品涉入度会对消费者行为产生什么样的影响进行详细分析。例如，Smith（2002）在研究过程中，重点分析了消费者在做出购买决策时是否会受到他人推荐信息的影响，经过研究发现消费者涉入度会对其做出决策产生显著影响。章晶晶（2007）经过研究了解到，在信源可信度与再传播意愿之间，产品涉入度能起到重要的调节作用，信源可信度与产品涉入度之间形成了较强的交互性。在消费者行为理论中，涉入理论明显发挥出重要作用，能对人们搜集、评估、使用信息的过程进行合理解释。Flynn等人（1993）认为，如果消费者意识到某种商品对自己来说十分重要，就会呈现高涉入状态，进而主动搜寻与商品有关的各种信息，并会在多个品牌中进行对比，进而做出最好的选择。相比而言，低涉入者在这些方面就显得比较被动、消极，不愿意将更多的时间花费在对信息进行思考、对品牌进行对比上，也没有用心对信息进行评估，会随意做出购买决策，不会向产品提出过高的要求。

　　本实证研究结果证明，产品涉入度对信源可信度与消费者行为意愿的关系具有调节作用。这一调节作用为负向调节，即网站的高可信度口碑虽然可以促进消费者的行为意愿，但当消费者在小红书上搜索自己关心且了解的产品时，其对消费者行为意愿的影响相较于信源可信度的影响，更倾向于从自己已知的产品信息中获得。这一结论也佐证了Flynn等人（1993）的研究结论，高涉入度状态下消费者会凭借自己的经验思考并判断产品，从而影响行为意愿，而低涉入度状态下，消费者会更倾向于对外来信息的简单处理，即依靠对信源可信度的判断做出相应的反应。

　　通过对有调节的中介模型进行检验，结果证明，产品涉入度对信源可信度与消费者行为意愿的关系产生影响；在不同的产品涉入度下，信源可信度对网站关系强度和消费者行为意愿的中介作用不同；在不同产品涉入度下，信源可信度对网站同质性和消费者行为意愿所产生的中介作用也存在一定的差异。如果消费者产品涉入度比较低，与网站之间产生了较强的关系或同质性，就会对网站中的口碑信息表示认同，从而增强购买、传播等行为意愿；而当消费者产品涉入度高时，通过网站关系强度或网站同质性产生的对信源可信度的认可会根据自身的高涉入度水平而降低对消费者行为意愿的影响。也就是说，当消费者深度了解、关注某产品时，即使与网站关系强度大、与网站同质性高，但是来自网站的口碑信息的可信度依然会因为消费者的强信息处理能力而减弱，从而减弱信源可信度对消费者行为意愿产生的影响。

第六章　结论与讨论

第一节　结论

"互联网+"战略的扎实推行,对社会经济模式、人们的生活方式都产生了重要影响。在更多先进技术成果的支撑下,电子商务日臻成熟,也为众多企业增添了新的经济增长点。特别是社交电商这一既符合网络技术发展趋势又迎合人们网络购物习惯的新消费方式的出现,更为企业提供了全新的方式去与消费者建立联系、了解消费者,并与消费者互动交流。在社交媒体电商中的网络口碑是如何影响消费者行为的这一问题逐渐成为当下社交网络和消费者行为研究中日益重要的新课题。

基于 Brown 等人(2007)、Kim 等人(2018)的 OSN 框架,本书以小红书用户网络群体为样本,检验网站关系强度、网站同质性与信源可信度的关系,同时检验了信源可信度对网站关系强度、网站同质性与消费者行为意愿中可能存在的中介效应。将消费者的产品涉入度作为调节变量进行考量,检验产品涉入度是否对信源可信度和消费者行为意愿的关系具有调节作用。

本书首先进行了文献综述,在此基础上创建了理论模型并提出了假设。由于本次研究的调查背景与借鉴的量表之间存在一定的差异,为保证后续大样本调查的有效性,本书选择了一定数量的样本对初始量表进行了前测,前测之后对相关数据进行了效度与信度分析。在专家的建议下对原量表中的题项进行了删改，结合研究内容制定初始问卷，结合小样本数据检验得到的结果，对量表中的内容进行了调整，并形成了完善的最终问卷，为下一步开展的实证分析奠定了基础。

其次，基于小样本前测的结果，在正式研究中，共回收有效问卷688份，并运用SPSS23.0软件以及SPSSAU在线分析工具进行了多项分析，包括中介效应分析、信效度分析、回归分析、调节效应分析等，探究网站关系强度、网站同质性、信源可信度、消费者行为意愿和产品涉入度这5个变量之间的关系。

人口统计学描述性统计的结果向我们清楚地描绘出小红书用户群体的用户画像。我们所调研的样本群体，大部分每天访问小红书的时间为1—3小时，且具有3年以上互联网使用经验，因此所得到的样本数据能够较好地描绘小红书用户群体画像。小红书用户群体在男女比例方面相对平均，女性更多，男、女占比分别为43.6%、56.4%。对有效样本的年龄结构进行分析，以"90后"为主，其中大部分为20—29岁的年轻群体，20—40岁阶段的人数占到总用户比例的78.2%。从整体情况看，小红书用户群体的文化程度比较高，有效样本的76.2%都获得了本科或更高学历。在职业分布方面，小红书用户群体中有超过三分之一的用户是企业职员，自由职业和个体工商户的总和达到了总用户的一半。在收入方面，大部分小红书的用户月收入在3001—5000元，比例达到70.8%。综上所述，小红书用户群体女性偏多，而且多数用户是有着较高的学历，时间相对自由，工作不算繁重，收入中等的中青年群体。

对核心变量的描述性统计的结果显示，各核心变量的平均值在4.994—5.413之间，分布均衡，且处于中上水平，数据基本呈正态分布，所有样本数据均能满足假设检验需求。

在此基础上，本书对问卷进行了信度与效度分析，通过分析结果了解

第六章 结论与讨论

到,正式问卷能够很好地测量网站关系强度、网站同质性、信源可信度、消费者行为意愿和产品涉入度这 5 个变量。问卷具有较高的可信度与内部一致性,有效性比较强。

在相关分析中,我们发现网站关系强度、网站同质性、信源可信度、消费者行为意愿和产品涉入度两两之间存在显著正相关关系。与之相比,产品涉入度是对消费者行为意愿产生主要影响的因素,其次是网站关系强度,最弱的是网站同质性和信源可信度。基于相关研究的结果,笔者进一步通过回归分析和调节效应分析,探明这些因素与消费者行为意愿之间存在的关系。

回归分析的结果进一步支持了我们的假设,消费者行为意愿会受到信源可信度、网站同质性、网站关系强度三大要素的影响,能够解释消费者行为意愿的程度分别为 36.7%、23.5% 和 20.5%。此外,网站关系强度和网站同质性能够对信源可信度产生显著正向影响。分层线性回归对中介作用的检验结果显示,在网站关系强度与消费者行为意愿之间,信源可信度不是中介变量,在网站同质性与消费者行为意愿关系中信源可信度也起到不完全中介的作用,即网站关系强度是通过影响消费者对小红书网站信源的可信度影响消费者行为意愿的。与此同时,消费者与网站同质性也影响了消费者对小红书网站信源可信度的认知,从而进一步影响消费者行为意愿。在此过程中,产品涉入度在信源可信度与消费者行为意愿关系中起到了调解作用。

综上所述,本书探讨消费者与网站关系强度、消费者与网站同质性对消费者行为意愿的影响,涉及多门学科理论,包括传播学、管理学、心理学等,参照研究的目的、主要内容,选择了理论与实证相结合的研究方法。在进行理论研究时,主要对消费者行为意愿、网络口碑等理论进行了分析,为下一步开展的实证分析奠定基础。在实证分析时,将调研得到的数据进行分析,以此来检验前期提出的假设是否合理。本书借鉴了前人的研究成果，在OSN框架的支撑下对一系列假设加以验证。例如，消费者行为意愿会受到自身与网站同质性、网站关系强度的影响；信源可信度会受到消费者与网站同质性、网站关系强度的积极影响；验证网络口碑信源可信度对消费者行为意愿的影响；验证信源可信度是否在消费者网站同质性和消费者行为意愿关系中起到中介作用；探讨产品涉入度对信源可信度与消费者行为意愿之间是否具有调节作用。

通过实证分析，本书得出网站关系强度和网站同质性均对消费者行为意愿有显著的正向影响。信源可信度也对消费者行为意愿有正向影响。信源可信度会受到网站同质性、网站关系强度的影响，而且这种影响是正向的。此外，信源可信度对网站关系强度与消费者行为意愿的关系，和网站同质性与消费者行为意愿的关系均产生不完全中介作用。在消费者行为意愿与信源可信度之间，产品涉入度会起到一定的调节作用。

第二节 口碑管理对策建议

一、鼓励和引导意见领袖

意见领袖是正向口碑的发起源和引爆点，Katz和Lazarsfeld很早就提出了意见领袖的口碑对于创新信息的传播和扩散有促进作用。Henning-Thurau等学者也指出在网络环境中，消费者更容易受到意见领袖观点的影响。意见领袖就是在特定群体中联系广泛、活跃而且广受认可的个人，他们乐于分享关于特定产品和服务的正面信息，他们有很强的宣传性和带动性（张玥 等，2011）。

在社交电商平台中，发掘企业的忠实用户和公信度高的意见领袖或培养对企业具有忠实度的腰部博主，通过和这些意见领袖进行密切的互动和有效沟通赢得他们的信任和尊敬，从而进一步激励和引导他们发送更多有利于企业的口碑信息，并最终帮助企业建立健康的品牌形象。结合品牌与平台的营销规划，引导意见领袖的正面口碑传播，提升企业平台口碑管理效果。

二、加强对于"危机源"的识别和管控

"危机源"是指对于企业品牌造成损害的负面口碑发起者。在传统的面对面交流的过程中，一个对企业不满的顾客可能会把对于企业负面的态度和经历告诉5个人，网络环境中，客户的负面态度可以轻松通过网络信息将对企业的不满传达给6000人甚至更多的人。出于规避风险的消费心理，消费者往往对于负面口碑更加敏感和重视，因此极少数的负面口碑很可能就会对一个品牌形象造成严重影响。在社交电商平台中，每一个使用者都可以直接与平台对话，表达和彰显自己的观点和态度，而平台会将这些观点和态度对所有信息搜寻者开放。因此企业应该重视和关注平台的作用，加强企业与平台及平台用户的黏性，利用平台属性促进购买行为以及品牌口碑传播行为。同时，积极应对用户的不满而不是回避，以免因为小过失引爆一个"危机源"，损害企业和品牌的形象。

网络匿名性催生了恶性竞争难以监控的弱点，很多同行雇用网络"枪手"在社交平台中发布对竞争对手不利的负面消息，这类谣言在未经证实的情况下被放大、传播，会酿成企业的危机事件。因此，如何发现此类负面口碑，如何遏制谣言信息的传播都需要进行深入的探讨。企业可以很容易地监控到一个品牌的整体健康度并聚焦到个人，即定位某些特定的"危机源"，他们可能是某些对于品牌产品具有强烈不满的消费者，也可能是竞争对手雇用的网络黑手，因此企业应该对于负面舆论具有高度的危机意识，

成立专门的部门对强用户黏性、强品牌黏性平台中消费者的网络口碑进行追踪、收集、分类和汇总，全面了解消费者对于企业产品的态度和意见并对"危机源"进行识别，通过用户与平台关系（关系强度、同质性）甄别真实用户的负面口碑反馈和职业"枪手"，从而可以及时采取措施对危机进行应对和规避。

社交电商时代，企业需要学习借助社交网络的角色特点顺势宣传或借势公关，有效管控"危机源"。

第三节 研究意义

一、理论意义

第一，本书的结论扩展了当下新媒体网络口碑影响力的理论框架，丰富了Brown（2007）等人的OSN框架。依托传播过程理论，口碑传播效果会受到多个因素的影响，其中包括自身特征、口碑信息的特征与来源等。在网络飞速发展的时代背景下，新媒体网络情境下网络口碑的具体变量研究依然基于传统口碑研究框架，对网络口碑影响力的研究成果不足以诠释。本书基于OSN框架将网络口碑的概念从对传统口碑的延伸中剥离，本质上区分网络口碑与传统口碑的社会关系差异，并基于这一社会关系差异对网络口碑效果进行研究。验证并拓展Brown、Kim等人提出的OSN框架下网络口碑效应综合模型。丰富在线网络框架下网络口碑影响力的研究成果，完善并补充网络口碑在新的社交媒体环境下的效应研究也将是对以往研究的有益补充。

第二，本书深入探讨了信源可信度在社交网络行为和消费者行为决策关系中的作用。基于社会网络理论和信源可信度理论，本书检验消费者与网站关系强度、消费者与网站同质性对信源可信度产生的影响，拓展了对网络口碑传播信源可信度探讨的视角。在以往的研究中，信源可信度作为口碑效应中传播者层面的影响因素被广泛探讨，在传统口碑效果的探讨中，信任和信源可信度是被广泛认可的对消费者行为意愿的形成具有中介作用的变量。

从研究结论看，以往研究发现了信源可信度会与信息接受者的行为与态度产生正向影响，可信度较高的信源说服力更强。在 OSN 框架下对信源可信度的探讨是一种尝试。根据 Brown 等人的研究，在在线社交网络当中，口碑行为主体发生了本质上的变化，这一变化导致以往对于传播者特征对信源可信度产生影响，从而对消费者行为意愿产生影响的结论不再适用。基于新的情景，做出符合情景的影响消费者行为意愿因素及过程机制的探讨是必要的，也是创新性的。探讨信源可信度在对消费者网站关系强度、消费者网站同质性等在线社交网络结构因素对行为意愿产生影响的过程中能否起到中介作用，这是同领域研究的创新点，是大胆的尝试，也是一次对新的口碑传播理论框架下的中介效应的验证。

在本次研究中，我们不仅发现信源可信度可以对消费者行为意愿有显著的正向影响，信源可信度可以解释消费者行为意愿 20.5% 的变化，说明可信度越高的信息来源对消费者行为意愿的正向影响越大。还证明了新情景下信源可信度在社交电商平台网络口碑传播效果的中介作用。信源可信度对消费者与网站关系强度与消费者行为意愿之间的关系，以及对网站同质性与消费者行为意愿之间的关系都起到的中介作用。

经研究了解到，如果网站与消费者之间形成了强关系，消费者就会对信源表示信赖，从而影响其行为意愿。消费者与网站同质性越强，也会导致消费者对信源越信任，从而影响其行为意愿。这进一步说明了信源可信度在消费者行为决策和网络社交行为中的重要作用。Chaiken 等人在研究中了解到，消费者会把信源可信度当成思考线索，进而对其决策产生影响，尤其是在一些低任务重要性情境中，消费者会把信源可信度视为唯一决定性因素。Kim 等人（2018）认为，当消费者认为网站上的评论可信且可靠时，他们更有可能对网站及其评论形成积极的态度。信源可信度在消费者行为意愿和网络社交行为中起到的作用非常具有理论价值。对信源可信度中介作用的验证进一步辅助验证了在线社交网络理论在网络口碑效应探讨中的有效性。

第三，本书对产品涉入度对消费者行为意愿产生的边界作用进行分析。在前期同类研究中，对产品涉入度的调节效应研究多针对消费者自身，例如，Verbeke 等人在对食品行业进行的实证分析中，发现消费者获取信息、行为意向等都会受到产品涉入度的影响。在线评论社区中，消费者的行为意愿会受到产品涉入度的影响。本次研究结果表明，在信源可信度对消费者行为意愿产生影响过程中，产品涉入度会起到负向调节作用。简言之，口碑信息可信度较高时，消费者就会产生强烈的行为意愿，由于产品涉入度有所不同，会对由高信源可信度而引发的强行为意愿产生调节作用。在口碑可信度较高的前提下，消费者对产品的涉入度越低越能够促进其行为意愿。在网站口碑信息可信度较高的情况下，当消费者在小红书上搜索自己了解程度高的产品时，会更倾向于通过内部信息处理产生购买或传播意愿，而不是通过可靠的信源判断是否购买。与传统口碑研究一致，在社交电商平台中，消费者产品涉入度对信源可信度和消费者行为意愿的关系产生调节。这一结论丰富了产品涉入度的研究方向，拓展了产品涉入度的研究视角。

在产品涉入度调节作用的探讨中，本书还进一步探讨了在调节作用影响下的中介效果。在有调节的中介模型当中，调节效应会影响到中介作用，本书把产品涉入度视作调节变量，探讨其在信源可信度和消费者行为意愿的关系是否具有调节作用的同时，更进一步验证有调节的中介模型，探讨产品涉入度调节下信源可信度的中介作用是否受到影响，从而完善了对理论模型的探讨。

二、实践意义

第一，加深企业对更符合网络社交的消费者决策行为的理解，为企业在社交电商平台中的口碑营销对策提供指导。

随着近年来互联网高速发展和社交电商迅猛势头，消费者的行为决策方式和影响因素变化很大。社交电商平台的社交属性使其中聚集了有社交需求的群体，同时电商平台的属性也使社交需求群体中具有购物需求的群体被发掘，进而通过平台行为将两种需求群体融合、转换，形成高黏性、口碑参与度高、购物需求高的用户群体。

在社交电商平台中，企业能否及时捕捉、分析消费者发布的网络口碑并利用网络口碑进行营销，给企业改进营销策略和商业决策带来了巨大的挑战。本书从消费者网站关系强度、消费者网站同质性出发，结合信源可信度和产品涉入度这两个变量，共同分析对消费者行为意愿的影响，加深了企业对于网络社交媒体中消费者行为意愿的理解，为理解消费者的决策过程和决策行为具有较高的参考价值。在上游与平台建立良好合作关系、引导和培养平台意见领袖，顺势营造口碑；在下游管控"危机源"，阻截负面口碑的传播以及同行干扰，对负面口碑进行维护和品牌升级管理，借势公关品牌危机。以上口碑管理举措的实施将对品牌评价提高、消费者购买行为转化具有良好效应。

第二，为修正消费者在社交媒体中的行为表现提供可能的思路和建议。

尽管依托社交媒体的消费行为可以使企业最大限度地利用用户的人际关系价值，但是社交媒体情境下的网络口碑所具有的不可控性也是企业在口碑营销中所面临的一大挑战。特别是和传统口碑通过朋友，家人和其他熟人之间的亲密交流进行传播相比，网络口碑就是在各种网络平台中发现口碑信息，通常都来自未知的个人。由于在线网络环境中的社交互动有限，消费者对网络口碑建议的可信度持怀疑态度（Brown et al.，2007；Heinonen，2011）。

经研究发现，信源可信度不但能直接影响消费者的行为意愿，还能够通过网站关系强度和网站同质性对消费者行为意愿产生影响。也就是说，表明信息来源的可靠性、增强用户和网站关系强度，提高用户和网站之间的同质性，都能够增加消费者的行为意愿，且产品涉入度在其中具有负向调节作用。这一研究结果能够为用户在网络社交媒体中的行为提供指导，包括搜寻、采纳、传播口碑信息以及消费行为等。

第三，为社交电商平台（小红书）的运营、管理、用户行为意愿引导提供指导性建议。

本书的人口统计学变量分析对小红书的用户群体进行了画像，这一画像符合当前网络使用群体画像的同时也具有小红书社区使用者的独特性。小红书的使用者以女性偏多，文化程度高、收入3001—5000元，以"90后"中青年为主。这个群体画像为小红书的社区发展趋势预测和规划具有指导意义。

小红书社交电商平台为用户创建了一个分享口碑信息的社区，形成了庞大的用户口碑库。在这一社区中积累了许多消费类口碑，数千万用户都可以在这里分享自己的购物体验，用户的收藏、浏览等行为也会产生大量底层数据。通过这些数据，小红书可以精准地分析用户的需求，保证采购的商品是深受用户喜爱的。本书指出网站关系强度和网站同质性都会正向影响消费者行为意愿，小红书在制定发展规划时，可关注对用户与网站关系强度的维护和发展，以及对用户群体的兴趣、爱好、利益的抓取和策划。这些行为可以保证小红书更精准的分析用户需求，选择合作商家以及产品推广，为小红书带来更大影响力的同时，精准地提高用户的平台使用程度和平台内的消费行为意愿。

第四节 研究的不足与展望

尽管本书遵循科学规范的研究模式,对网站关系强度、网站同质性、产品涉入度、信源可信度、消费者行为意愿等变量之间的关系进行了深层次的分析,同时关注了理论与实证两个方面,但仍存在着一定的局限性,这些不足的存在,也是为未来研究提出了可行的方向和建议。

第一,在研究对象上,本书以小红书的使用者为主要研究对象,对网络口碑的研究仅限于小红书社交电商平台及其使用者。虽然小红书的口碑营销具有一定的代表性,但本书未对同类型其他口碑平台,例如大众点评等在线评论网站进行调查和研究,因此在研究对象上具有一定的局限性。在未来,可以选择除小红书以外的口碑类网站进行调研,拓展研究群体,以对本书的结论进行补充和支持。

第二,在选择研究样本时,虽然本书对样本提出了较为严格的要求,向受访者发放了网络问卷,但所选择的样本仍具有明显的局限性。其中最突出的问题是在有效样本中,高学历者占比较高。对这种现象进行分析,可能是因为文化层次较高者更愿意接受并参与在线调研活动。由于样本具有一定的局限性,分析结果的可靠性不能得到保证,研究结论的推论能力有待提升。在下一阶段的研究中,一定要提高样本选择的有效性,从多个层次收集样本数据,进而使样本更具有代表性。

第三,在研究变量的维度上,本书涉及的变量均为一阶变量。研究得出信源可信度是一个在消费者行为意愿影响中非常重要的中介变量,网站关系强度及网站同质性均显著影响信源可信度,信源可信度也对消费者行为意愿有显著影响。前人研究由文献总结得出信源可信度可以看作一个复杂的多维度概念，未来研究可就信源可信度这一变量参考多维量表进行深入研究，分析其各维度在社交电商中对消费者行为意愿关系中的作用。同时，毕继东（2019a）在论文中把消费者行为意愿划分为两种类型，从购买意愿、行为意愿两方面入手展开细致研究。本书研究数据仅提取出一个因子，仅将消费者行为意愿作为一个整体的维度进行了研究，没能对购买意愿和再传播意愿进行深入的研究。未来我们将进一步优化研究工具，或尝试其他成熟量表对消费者行为意愿进行更多维度的研究。

第四，采用多种手段和方式建构更具普适性和解释力的决策模型。本书主要以问卷调查的方式，将 OSN 框架作为参考模型，以实证研究的数据为基础，提出了社交媒体背景下的消费者行为意愿影响模型。采用的主要验证方式为线性回归，后续研究可考虑综合更多的动态模型，例如利用贝叶斯决策模型对消费者行为中概率的形成过程进行模拟；基于实例的学习模型对"近因效应"即最近购买、消费、浏览过的内容进行考察，对现有模型进行进一步修正。同时，可以尝试使用 AMOS 结构方程等对方程模型进一步验证，也可以尝试用更多的实验研究为基础，从个人和群体的角度对消费者决策行为进行模拟，更深程度地探讨消费者在社交媒体中的行为决策，以期提出更全面、更系统、更具解释效力的模型。

第五，在对中介的研究中，本书选取信源可信度这一变量作为消费者网站关系强度、网站同质性对消费者行为意愿产生影响的中介变量。在以往的研究中学者也曾就包括信任、消费者情绪、消费者态度等变量在消费者行为意愿的中介作用中进行过探讨，但是在 OSN 框架下的探讨中，没有进行过尝试。未来研究可以尝试将传统口碑研究中的中介变量，如信任、感知、态度、情绪等加入 OSN 框架下网络口碑效应的探讨中，以期丰富在线社交网络框架下网络口碑效应理论模型。

参考文献

［1］毕继东，2009a. 基于技术接受模型的网络口碑接受研究［J］. 当代经济管理，31（9）：33-38.

［2］毕继东，2009b. 负面网络口碑对消费者行为意愿的影响研究［D］. 济南：山东大学.

［3］曹博林，2011. 社交媒体：概念、发展历程、特征与未来——兼谈当下对社交媒体认识的模糊之处［J］. 湖南广播电视大学学报（3）：65-69.

［4］程鹏飞，2013. 关系强度、发送方专业知识与口碑影响力：信任的中介效应［J］. 软科学，27（5）：66-69，74.

［5］中国互联网络信息中心. 第45次中国互联网络发展状况统计报告［R/OL］.（2020-04-28）［2020-05-18］. https://www.cac.gov.cn/2020-04/27/c_1589535470378587.htm.

［6］陈蓓蕾，2008. 基于网络和信任理论的消费者在线口碑传播实证研究［D］. 杭州：浙江大学.

［7］董大海，金玉芳，2003. 消费者行为倾向前因研究［J］. 南开管理评论（6）：46-51.

［8］方光罗，2007. 市场营销学［M］.3版. 大连：东北财经大学出版社.

［9］丁学君，2012. 网络口碑可信度的影响因素［J］. 技术经济，31

（11）：122-128.

［10］韩兆林，1997. 涉入理论及其在消费者行为研究中的运用［J］. 外国经济与管理（1）：11-13.

［11］金立印，2007. 网络口碑信息对消费者购买决策的影响：一个实验研究［J］. 经济管理（22）：36-42.

［12］罗杰斯，2002. 创新的扩散［M］. 辛欣，译. 北京：中央编译出版社.

［13］赖胜强，2011. 基于SOR模式的口碑效应研究［D］. 成都：西南财经大学.

［14］格兰诺维特，2007. 镶嵌：社会网与经济行动［M］. 罗家德，等译. 增订本. 北京：社会科学文献出版社.

［15］格兰诺维特，1973. 弱关系的力量［J］. 美国社会学杂志，78（6）：1360-1380.

［16］林家五，宋进福，2008. 消费者对价格保证策略的反应：知觉可信度的效果［J］. 台大管理论丛，18（2）：197-228.

［17］宋明元，肖洪钧，齐丽云，等，2014. 涉入度对品牌体验与购买意愿间关系的调节作用：基于智能手机市场的实证研究［J］. 大连理工大学学报（社会科学版），35（3）：62-68.

［18］铁翠香，2015. 网络口碑效应实证研究：基于信任和感知价值的中介作用［J］. 情报科学，33（8）：72-78.

［19］王淑曼，2019. 食品可追溯体系对消费者购买意愿的影响研究：涉入度的调节作用［D］. 郑州：河南大学.

［20］温忠麟，2009. 教育研究方法基础［M］. 2版. 北京：高等教育出版社.

［21］温忠麟，侯杰泰，张雷，2005. 调节效应与中介效应的比较和应用［J］. 心理学报，37（2）：268-274.

［22］温忠麟，刘红云，侯杰泰，2012.调节效应和中介效应分析［M］.北京：教育科学出版社.

［23］温忠麟，叶宝娟，2014.有调节的中介模型检验方法：竞争还是替补？［J］.心理学报，46（5）：714-726.

［24］温忠麟，张雷，侯杰泰，2006.有中介的调节变量和有调节的中介变量［J］.心理学报，38（3）：448-452.

［25］温忠麟，张雷，侯杰泰，等，2004.中介效应检验程序及其应用［J］.心理学报，36（5）：614-620.

［26］徐琳，2007.网络口碑可信度影响因素的实证研究［J］.财贸研究（5）：113-117.

［27］杨爽，2015.虚拟社区成员的双重身份对口碑效力的影响：社区涉入度和群体失调的调节作用［J］.消费经济，31（6）：68-73.

［28］张玥，朱庆华，2012.网络口碑传播效应研究综述［J］.图书情报工作，56（10）：76-80，112.

［29］章晶晶，2007.网络环境下口碑再传播意愿的影响因素研究［D］.杭州：浙江大学.

［30］张中科，王春和，2009.负面口碑信息对消费者品牌转换的影响研究［J］.市场营销导刊（2）：55-58.

［31］周晓宏，郭文静，2008.探索性因子分析与验证性因子分析异同比较［J］.科技和产业（9）：69-71.

［32］AJZEN I，1991. The theory of planned behavior［J］. Organizational behavior and human decision processes，50（2）：179-211.

［33］ANDERSON J，GERBING D，1988. Structural equation modeling in practice：a review and recommended two-step approach［J］. Psychological bulletin，103（3）：411-423.

［34］ANDREWS J C，DURVASULA S，AKHTER S H，1990. A

framework for conceptualizing and measuring the involvement construct in advertising research [J]. Journal of advertising, 19（4）: 27-40.

[35] AYEH J K, AU N, LAW R, 2013. "Do we believe in tripadvisor?" examining credibility perceptions and online travelers' attitude toward using user-generated content [J]. Journal of travel research, 52（4）: 437-452.

[36] ARNDT J, 1967. Role of product-related conversations in the diffusion of a new product [J]. Journal of marketing research, 4（3）: 291-295.

[37] ALFINA I, ERO J, HIDAYANTO A N, et al., 2014. The impact of cognitive trust and e-wom on purchase intention in c2c e-commerce site [J]. Journal of computer science, 10（12）: 2518-2524.

[38] BACK M D, STOPFER J M, VAZIRE S, et al., 2010. Facebook profiles reflect actual personality, not self-idealization [J]. Psychological science, 21（3）: 372-374.

[39] BALAJI M S, KHONG K W, CHONG A Y L, 2016. Determinants of negative word-of-mouth communication using social networking sites [J]. Information & management, 53（4）: 528-540.

[40] BANSAL H S, VOYER P A, 2000. Word-of-mouth process within a service purchase decision context [J]. Journal of service research, 3（2）: 166-177.

[41] BHATTACHERJEE A, 2001. Understanding information systems continuance: an expectation-confirmation model [J]. MIS quarterly, 25（3）: 351-370.

[42] BRISTOR J, 1990. Exhanced explanations of word of mouth communications: the power of relations [J]. Research in consumer behavior（4）: 51-83.

[43] BROWN J J, REINGEN P H, 1987. Social ties and word-of-mouth referral behavior [J]. Journal of consumer research, 14 (3): 350-362.

[44] BLACKSTON M, 2000.Observations: building brand equity by managing the brand's relationships [J]. Journal of advertising research, 40 (6): 101-105.

[45] BIAN Y, 1997. Bringing strong ties back in: indirect ties, network bridges, and job searches in China [J]. American sociological review, 62 (3): 366-385.

[46] BROWN J, BRODERICK A J, LEE N, 2007. Word of mouth communication within online communities: conceptualizing the online social network [J]. Journal of interactive marketing, 21 (3): 2-20.

[47] Berger M, ABEL T, PAGE C, et al., 1954. Freedom and control in modern society [M]. Cambridge: Cambridge University Press.

[48] BLAZEVIC V, HAMMEDI W, GARNEFELD I, et al., 2013. Beyond traditional word-of-mouth: an expanded model of customer-driven influence [J]. Journal of service management, 24 (3): 294-313.

[49] BICKART B, SCHINDLER R M, 2001. Internet forums as influential sources of consumer information [J]. Journal of interactive marketing, 15 (3): 31-40.

[50] CHU S C, KIM Y, 2011. Determinants of consumer engagement in electronic word-of-mouth (ewom) in social networking sites [J]. International journal of advertising, 30 (1): 47-75.

[51] CERVELLON M C, LIRIO P, 2017. When employees don't "like" their employers on social media [J]. MIT sloan management review, 58 (2): 63-70.

[52] CHO J, KWON K, PARK Y, 2009. Q-rater: a collaborative

reputation system based on source credibility theory [J]. Expert systems with applications, 36(2): 3751-3760.

[53] CHEUNG C M K, THADANI D R, 2012. The impact of electronic word-of-mouth communication: a literature analysis and integrative model [J]. Decision support systems, 54(1): 461-470.

[54] CHATTERJEE P, 2001. Online reviews: do consumers use them? [J]. Advances in consumer research (1): 129-134.

[55] CHEN Q, CLIFFORD S J, WELLS W D, 2002. Attitude toward the site II: new information [J]. Journal of advertising research, 42(2): 33-45.

[56] CHANG L Y, LEE Y J, HUANG C L, 2010. The influence of e-word-of-mouth on the consumer's purchase decision: a case of body care products [J]. Journal of global business management, 6(2): 1.

[57] CHEVALIER J A, MAYZLIN D, 2006. The effect of word of mouth on sales: online book reviews [J]. Journal of marketing research, 43(3): 345-354.

[58] COHEN P, WEST S G, AIKEN L S, 1983. Applied multiple regression/correlation analysis for the behavioral sciences [M]. London: Psychology Press.

[59] DELLAROCAS C, 2003. The digitization of word of mouth: promise and challenges of online feedback mechanisms [J]. Management science, 49(10): 1407-1424.

[60] DABHOLKAR P A, THORPE D I, RENTZ J O, 1996. A measure of service quality for retail stores: scale development and validation [J]. Journal of the academy of marketing science (24): 3-16.

[61] SCHRAMM W, 1964. Mass media and national development:

the role of information in the developing countries [M]. Stanford: Stanford University Press.

[62] DUAN W J, GU B, WHINSTON A B, 2008. Do online reviews matter?—an empirical investigation of panel data [J]. Decision support systems, 45 (4): 1007-1016.

[63] ELLEGAARD C, 2012. Interpersonal attraction in buyer-supplier relationships: a cyclical model rooted in social psychology [J]. Industrial marketing management, 41 (8): 1219-1227.

[64] ENGEL J F, KEGERREIS R J, BLACKWELL R D, 1969. Word-of-mouth communication by the innovator [J]. Journal of marketing, 33 (3): 15-19.

[65] FLYNN L R, GOLDSMITH R E, 1993. Application of the personal involvement inventory in marketing [J]. Psychology & marketing, 10 (4): 357-366.

[66] HILL R J, FISHBEIN M, AJZEN I, 1977. Belief, attitude, intention, and behavior: an introduction to theory and research [J]. Contemporary sociology, 6 (2): 244-245.

[67] FANG Y H, 2014. Beyond the credibility of electronic word of mouth: exploring ewom adoption on social networking sites from affective and curiosity perspectives [J]. International journal of electronic commerce, 18 (3): 67-102.

[68] FELDMAN S P, SPENCER M C, 1971. The effect of personal influence in the selection of consumer services [M]. Boston: Houghton Mifflin.

[69] FILIERI R, 2015. What makes online reviews helpful? a diagnosticity-adoption framework to explain informational and normative influences in e-wom

［J］. Journal of business research，68（6）：1261-1270.

［70］FRENZEN J，NAKAMOTO K，1993. Structure，cooperation，and the flow of market information［J］. Journal of consumer research，20（3）：360-375.

［71］GONZALES A L，HANCOCK J T，2011. Mirror，mirror on my facebook wall：effects of exposure to facebook on self-esteem［J］. Cyberpsychology，behavior，and social networking，14（1-2）：79-83.

［72］GRANOVETTER M S，1977. The strength of weak ties［M］. New York：Academic Press.

［73］GOLDENBERG J，LIBAI B，MULLER E，2001. Talk of the network：a complex systems look at the underlying process of word-of-mouth［J］. Marketing letters，12（3）：211-223.

［74］GOTLIEB J B，SAREL D，1992. The influence of type of advertisement，price，and source credibility on perceived quality［J］. Journal of the academy of marketing science，20（3）：253-260.

［75］GELB B D，SUNDARAM S，2002. Adapting to "word of mouse"［J］. Business horizons，45（4）：21-25.

［76］NELSON R E，1989. The strength of strong ties：social networks and intergroup conflict in organizations［J］. Academy of management journal，32（2）：377-401.

［77］GRANOVETTER M，1983. The strength of weak ties：a network theory revisited［J］. Sociological theory（1）：201-233.

［78］GRUEN T W，OSMONBEKOV T，CZAPLEWSKI A J，2006. eWOM：The impact of customer-to-customer online know-how exchange on customer value and loyalty［J］. Journal of business research，59（4）：449-456.

［79］GODES D, MAYZLIN D, 2004. Using online conversations to study word-of-mouth communication［J］. Marketing science, 23（4）: 545-560.

［80］GOYETTE I, RICARD L, BERGERON J, et al., 2010. e-WOM scale: word-of-mouth measurement scale for e-services context［J］. Canadian journal of administrative sciences, 27（1）: 5-23.

［81］HAYES A F, 2013. Introduction to mediation, moderation, and conditional process analysis: a regression-based approach［M］. New York: Guilford Press.

［82］HAO Y Y, YE Q, LI Y J, et al., 2010. How does the valence of online consumer reviews matter in consumer decision making? Differences between search goods and experience goods［C］//43rd Annual Hawaii international conference on system sciences. IEEE: 1-10.

［83］HAWKINS D I, MOTHERSBAUGH D L, 2010. Consumer behavior: building marketing strategy［M］. Boston: McGraw-Hill.

［84］HENNIG-THURAU T, GWINNER K P, WALSH G, et al., 2004. Electronic word-of-mouth via consumer-opinion platforms: what motivates consumers to articulate themselves on the internet?［J］. Journal of interactive marketing, 18（1）: 38-52.

［85］HEINONEN K, 2011. Consumer activity in social media: managerial approaches to consumers' social media behavior［J］. Journal of consumer behaviour, 10（6）: 356-364.

［86］HOFFMAN D L, NOVAK T P, 1996. Marketing in hypermedia computer-mediated environments: conceptual foundations［J］. Journal of marketing, 60（3）: 50-68.

［87］HUSSAIN S, AHMED W, JAFAR R M S, et al., 2017. eWOM

source credibility, perceived risk and food product customer's information adoption [J]. Computers in human behavior, 66: 96-102.

[88] KATZ N, LAZER D, ARROW H, et al., 2004. Network theory and small groups [J]. Small group research, 35 (3): 307-332.

[89] KIETZMANN J H, HERMKENS K, MCCARTHY I P, et al., 2011. Social media? get serious! understanding the functional building blocks of social media [J]. Business horizons, 54 (3): 241-251.

[90] KIM S, KANDAMPULLY J, BILGIHAN A, 2018. The influence of ewom communications: an application of online social network framework [J]. Computers in human behavior, 80: 243-254.

[91] KIM W G, LIM H, BRYMER R A, 2015. The effectiveness of managing social media on hotel performance [J]. International journal of hospitality management (44): 165-171.

[92] KOTLER P, KELLER K L, CHERNEV A, 2003. Marketing management global editon [M]. Upper Saddle River: Prentice Hall.

[93] KOZINETS R V, 1999. E-tribalized marketing?: the strategic implications of virtual communities of consumption [J]. European management journal, 17 (3): 252-264.

[94] KRUGMAN H E, 1965. The impact of television advertising: learning without involvement [J]. Public opinion quarterly, 29 (3): 349-356.

[95] LAAKSONEN P, 1994. Consumer involvement: concepts and research [M]. London: Routledge.

[96] LAZARSFELD P F, MERTON R K, 1954. Friendship as a social process: a substantive and method-ological analysis [J]. Freedom and control in modern society, 18 (1): 18-66.

[97] LEVIN D Z, WHITENER E M, CROSS R, 2006. Perceived trustworthiness of knowledge sources: the moderating impact of relationship length [J]. Journal of applied psychology, 91（5）: 1163-1171.

[98] LIN J C C, LU H P, 2000. Towards an understanding of the behavioral intention to use a web site [J]. International journal of information management, 20（3）: 197-208.

[99] LIU F, XIAO B, LIM E T K, et al., 2016. Do Others' Opinion Matter? Investigating the Impact of Gender Differences on Trustworthiness of e-WOM [C] //2016 49th Hawaii International Conference on System Sciences. IEEE: 909-918.

[100] LITVIN S W, GOLDSMITH R E, PAN B, 2008. Electronic word-of-mouth in hospitality and tourism management [J]. Tourism management, 29（3）: 458-468.

[101] LIM Y S, HEIDE B V D, 2015. Evaluating the wisdom of strangers: the perceived credibility of online consumer reviews on yelp [J]. Journal of computer-mediated communication, 20（1）: 67-82.

[102] LI J, XUE W, YANG F, et al., 2017. An integrated research framework for effect of ewom [J]. Journal of systems science and information, 5（4）: 343-355.

[103] LÓPEZ M, SICILIA M, 2014. Determinants of e-wom influence: the role of consumers' internet experience [J]. Journal of theoretical and applied electronic commerce Research, 9（1）: 28-43.

[104] LIU Y, 2006. Word of mouth for movies: its dynamics and impact on box office revenue [J]. Journal of marketing, 70（3）: 74-89.

[105] LI X T, WU L, 2013. Measuring Effects of Observational Learning and Social-Network Word-of-Mouth（WOM）on the Sales of Daily-Deal

Vouchers [C] //2013 46th Hawaii International Conference on System Sciences. IEEE: 2908-2917.

[106] LEE K T, KOO D M, 2012. Effects of attribute and valence of e-wom on message adoption: moderating roles of subjective knowledge and regulatory focus [J]. Computers in human behavior, 28 (5): 1974-1984.

[107] LEE M, YOUN S, 2009. Electronic word of mouth (ewom): how ewom platforms influence consumer product judgement [J]. International journal of advertising, 28 (3): 473-499.

[108] ROGERS E M, 1983. Diffusion of innovations [M]. New York: Free Press.

[109] MCPHERSON M, LOVIN L S, COOK J M, 2001. Birds of a feather: homophily in social networks [J]. Annual review of sociology, 27 (1): 415-444.

[110] MACK R W, BLOSE J E, PAN B, 2008. Believe it or not: credibility of blogs in tourism [J]. Journal of vacation marketing, 14 (2): 133-144.

[111] METZGER M J, FLANAGIN A J, 2007. Digital media, youth, and credibility [M]. Cambridge: MIT Press.

[112] MITTAL V, HUPPERTZ J W, KHARE A, 2008. Customer complaining: the role of tie strength and information control [J]. Journal of retailing, 84 (2): 195-204.

[113] SHERIF M, CANTRIL H, 1947. The psychology of ego-involvements: social attitudes and identifications [M]. Hoboken: John Wiley & Sons.

[114] NELSON P, 1974. Advertising as information [J]. Journal of political economy, 82 (4): 729-754.

[115] NEWMAN M W, LAUTERBACH D, MUNSON S A, et al., 2011. It's not that I don't have problems, I'm just not putting them on facebook: Challenges and Opportunities in Using Online Social Networks for Health [C]. ACM 2011 Confereuce on Computer Supported Cooperative Work: 341-350.

[116] NGAI E W, TAO S S, MOON K K, 2015.Social media research: theories, constructs, and conceptual frameworks [J]. International journal of information management (35): 33-44.

[117] NOË N, WHITAKER R M, CHORLEY M J, et al., 2016. Birds of a feather locate together? Foursquare checkins and personality homophily [J]. Computers in human behavior, 58: 343-353.

[118] OHANIAN R, 1990. Construction and validation of a scale to measure celebrity endorsers' perceived expertise, trustworthiness, and attractiveness [J]. Journal of advertising, 19 (3): 39-52.

[119] PARK C, LEE T M, 2009. Information direction, website reputation and ewom effect: a moderating role of product type [J]. Journal of business research, 62 (1): 61-67.

[120] PARK D H, LEE J, HAN I, 2007. The effect of on-line consumer reviews on consumer purchasing intention: the moderating role of involvement [J]. International journal of electronic commerce, 11 (4): 125-148.

[121] PETER J P, OLSON, J C, 1996. Consumer behavior and marketing strategy [M] .4th ed. Boston: Mcgraw Hill.

[122] PETTY R E, CACIOPPO J T, GOLDMAN R, 1981. Personal involvement as a determinant of argument-based persuasion [J]. Journal of personality and social psychology, 41 (5): 847-855.

[123] PHELPS J E, LEWIS R, MOBILIO L J, et al., 2004. Viral

marketing or electronic word-of-mouth advertising: examining consumer responses and motivations to pass along email [J]. Journal of advertising research, 44(4): 333-348.

[124] PURNASARI H, YULIANDO H, 2015. How relationship quality on customer commitment influences positive e-wom [J]. Agriculture and agricultural science procedia (3): 149-153.

[125] POIESZ T, Bont C D, 1995. Do we need involvement to understand consumer behavior? [J]. Advances in consumer research, 22(1): 448-452.

[126] SHI Z, RUI H, WHINSTON A B, 2014. Content sharing in a social broadcasting environment: evidence from twitter [J]. MIS quarterly (3): 123-142.6

[127] SOHRABI M K, AKBARI S, 2016. A comprehensive study on the effects of using data mining techniques to predict tie strength [J]. Computers in human behavior, 60: 534-541.

[128] SENECAL S, NANTEL J, 2004. The influence of online product recommendations on consumers' online choices [J]. Journal of retailing, 80(2): 159-169.

[129] SMITH D N, 2002. Trust me, would i steer you wrong? the influence of peer recommendations with in virtual communities [D]. Chicago: University of Illinois at Chicago.

[130] Sun T, YOUN S, Wu G, et al., 2006. Online word-of-mouth (or mouse): an exploration of its antecedents and consequnces [J]. Journal of computer-mediated communication, 11(4): 1104-1127.

[131] RAU P L P, GAO Q, DING Y A, 2008. Relationship between the level of intimacy and lurking in online social network services [J]. Computers

in human behavior, 24 (6): 2757-2770.

[132] RELLING M, SCHNITTKA O, RINGLE C M, et al., 2016. Community members' perception of brand community character: construction and validation of a new scale [J]. Journal of interactive marketing, 36 (1): 107-120.

[133] TENG C C, LU C H, 2016. Qrganic food consumption in taiwan: motives, involvement, and purchase intention under the moderating role of uncertainty [J]. Appetite, 105: 95-105.

[134] VALKENBURG P M, PETER J, SCHOUTEN A P, 2006. Friend networking sites and their relationship to adolescents' well-being and social self-esteem [J]. Cyberpsychology & behavior, 9 (5): 584-590.

[135] WILCOX K, STEPHEN A T, 2013. Are close friends the enemy? online social networks, self-esteem, and self-control [J]. Journal of consumer research, 40 (1): 90-103.

[136] WU P C S, WANG Y C, 2011. The influences of electronic word-of-mouth message appeal and message source credibility on brand attitude [J]. Asia pacific journal of marketing and logistics, 23 (4): 448-472.

[137] WILLEMSEN L M, NEIJENS P C, BRONNER F, 2012. The ironic effect of source identification on the perceived credibility of online product reviewers [J]. Journal of computer-mediated communication, 18 (1): 16-31.

[138] XUE F, PHELPS J E, 2004. Internet-facilitated consumer-to-consumer communication: the moderating role of receiver characteristics [J]. International journal of internet marketing and advertising, 1 (2): 121-136.

[139] XIA L, BECHWATI N N, 2008. Word of mouse: the role of cognitive personalization in online consumer reviews [J]. Journal of interactive

advertising, 9（1）: 3-13

［140］XIE H, MIAO L, KUO P J, et al., 2011. Consumers' responses to ambivalent online hotel reviews: the role of perceived source credibility and pre-decisional disposition［J］. international journal of hospitality management, 30（1）: 178-183.

［141］YAND J, KIM W, AMBLEE N, et al., 2012. The heterogeneous effect of wom on product sales: why the effect of wom valence is mixed?［J］. European journal of marketing, 46（11-12）: 1523-1538.

［142］YOO C W, SANDERS G L, MOOM J, 2013. Exploring the effect of e-wom participation on e-loyalty in e-commerce［J］. Decision support systems, 55（3）: 669-678.

［143］ZHU F, ZHANG X Q, 2010. Impact of online consumer reviews on sales: the moderating role of product and consumer characteristics［J］. Journal of marketing, 74（2）: 133-148.

［144］ZAICHKOWSKY J L, 1985. Measuring the involvement construct［J］. Journal of consumer research, 12（3）: 341-352.

［145］ZHANG D S, ZHOU L, KEHOE J L, et al., 2016.What online reviewer behaviors really matter? effects of verbal and nonverbal behaviors on detection of fake online reviews［J］. Journal of management information systems, 33（2）: 456-481.

［146］ZHANG J Q, CRACIUN G, SHIN D, 2010. When does electronic word-of-mouth matter? a study of consumer product reviews［J］. Journal of business research, 63（12）: 1336-1341.

［147］ZIEGELE M, QUIRING O, 2013. Conceptualizing online discussion value: a multidimensional framework for analyzing user comments on mass-media websites［J］. Annals of the international communication association,

37（1）：127-154.

［148］PENG Z，YU B，HAO Y，2011.Does the valence of online consumer reviews matter for consumer decision making? the moderating role of consumer expertise［J］. Journal of computers，6（3）：484-488.

调查问卷

尊敬的女士/先生：

您好！

这是一份关于"网络口碑"研究的学术问卷。网络口碑是指在互联网上，消费者与消费者之间对于某种产品和服务的特性、使用经验或提供该商品的厂家进行的非正式的信息交流。本问卷主要研究目的是考察在小红书社交电商平台当中的网络口碑对消费者行为意愿的影响。恳请您协助调研，您的参与对本研究能否顺利进行有重大影响。本研究之结果仅供学术研究使用，决不做任何其他用途。

谢谢您的合作和付出的宝贵时间。祝您身体健康，事事愉快！

请问您知道小红书吗？[单选题]*
○知道
○不知道

请问您使用小红书吗？[单选题]*
○使用
○不使用

下面是有关消费者与网站关系强度的问项

请问您大约多久使用一次小红书？［单选题］*

几乎不用　　○1　○2　○3　○4　○5　○6　○7　每天都用

请问小红书对您的重要程度？［单选题］*

非常不重要　　○1　○2　○3　○4　○5　○6　○7　非常重要

请问小红书与您的密切程度？［单选题］*

非常不密切　　○1　○2　○3　○4　○5　○6　○7　非常密切

下面是有关消费者与网站同质性的问项

小红书的利益与我个人的利益不一致［单选题］*

非常不同意　　○1　○2　○3　○4　○5　○6　○7　非常同意

小红书的利益与我个人的利益很不相似［单选题］*

非常不同意　　○1　○2　○3　○4　○5　○6　○7　非常同意

小红书的利益与我个人的利益很不一样［单选题］*

非常不同意　　○1　○2　○3　○4　○5　○6　○7　非常同意

下面是有关信源可信度的问项

来自小红书的信息（口碑）是不诚实的［单选题］*

非常同意　　○1　○2　○3　○4　○5　○6　○7　非常不同意

来自小红书的信息（口碑）是不值得信任的［单选题］*

非常同意　　○1　○2　○3　○4　○5　○6　○7　非常不同意

来自小红书的信息（口碑）是没有经验的［单选题］*

非常同意　○1　○2　○3　○4　○5　○6　○7　非常不同意

来自小红书的信息（口碑）是没有知识含量的［单选题］*

非常同意　○1　○2　○3　○4　○5　○6　○7　非常不同意

来自小红书的信息（口碑）是不合格的［单选题］*

非常同意　○1　○2　○3　○4　○5　○6　○7　非常不同意

下面是有关消费者行为意愿的问项

我在做出购买决策时，通过小红书网络口碑获得了很大帮助［单选题］*

非常不同意　○1　○2　○3　○4　○5　○6　○7　非常同意

小红书的网络口碑提供了一些关于该产品不同的看法［单选题］*

非常不同意　○1　○2　○3　○4　○5　○6　○7　非常同意

通过小红书网络口碑，使我对该产品的看法发生了改变［单选题］*

非常不同意　○1　○2　○3　○4　○5　○6　○7　非常同意

小红书的网络口碑影响我购买该产品［单选题］*

非常不同意　○1　○2　○3　○4　○5　○6　○7　非常同意

如果知道朋友想选择这种类型的产品，我一定会把自己通过小红书得到的口碑信息及时告诉他［单选题］*

非常不同意　○1　○2　○3　○4　○5　○6　○7　非常同意

在合适的网络平台，我会把小红书中的口碑信息粘贴上去 [单选题] *

非常不同意　○1　○2　○3　○4　○5　○6　○7　非常同意

我会把该信息告诉朋友，以寻求他们的建议 [单选题] *

非常不同意　○1　○2　○3　○4　○5　○6　○7　非常同意

在与朋友交谈时，只要提到了某种产品，我一定会及时向他传播小红书口碑信息 [单选题] *

非常不同意　○1　○2　○3　○4　○5　○6　○7　非常同意

我会在其他消费者沟通网站留言，以这种形式传播口碑信息 [单选题] *

非常不同意　○1　○2　○3　○4　○5　○6　○7　非常同意

下面是有关产品涉入度的问项

我认为小红书口碑产品对我来说是重要的 [单选题] *

非常不同意　○1　○2　○3　○4　○5　○6　○7　非常同意

我认为小红书口碑产品对我来说很有意义 [单选题] *

非常不同意　○1　○2　○3　○4　○5　○6　○7　非常同意

我认为小红书口碑产品对我来说是必要的 [单选题] *

非常不同意　○1　○2　○3　○4　○5　○6　○7　非常同意

小红书口碑产品对我来说是有吸引力的 [单选题] *

非常不同意　○1　○2　○3　○4　○5　○6　○7　非常同意

对我来说小红书口碑产品是有趣的［单选题］*

非常不同意　○1　○2　○3　○4　○5　○6　○7　非常同意

小红书口碑产品对我来说是有价值的［单选题］*

非常不同意　○1　○2　○3　○4　○5　○6　○7　非常同意

小红书口碑产品与我是相关的［单选题］*

非常不同意　○1　○2　○3　○4　○5　○6　○7　非常同意

当提到小红书口碑产品时，我会想进一步了解［单选题］*

非常不同意　○1　○2　○3　○4　○5　○6　○7　非常同意

下面是关于您基础信息的问项：

您的性别为：［单选题］*

○男

○女

您的年龄为：［单选题］*

○ 19 岁以下

○ 20—29 岁

○ 30—39 岁

○ 40—49 岁

○ 50 岁及以上

您近期平均每天花多少时间上网：［单选题］*

○ 20 分钟以下

○ 20 分钟—1 小时

○ 1 小时—3 小时

○ 3 小时—5 小时

○ 5 小时以上

您的文化程度为：［单选题］*

○高中（含）以下

○本科

○硕士

○硕士以上

○其他

您使用互联网的时间：［单选题］*

○ 1 年以下

○ 1—2 年

○ 2—3 年

○ 3—5 年

○ 5 年以上

您的职业：［单选题］*

○党政机关事业单位工作者

○企业公司管理者

○学生

○企业公司一般职员

○自由职业者

○个体工商户

○离退休人员

○无业待岗/失业

○其他

您的平均月收入：[单选题]*

○ 500元以下

○ 501—1000元

○ 1001—1500元

○ 1501—2000元

○ 2001—3000元

○ 3001—5000元

○ 5000元以上